PINHOK™
L A N G U A G E S

www.pinhok.com

Introduction

This Book

This vocabulary book contains more than 3000 words and phrases and is organized by topic to make it easier for you to pick what to learn first. On top of that, the second half of the book contains two index sections that can be used as basic dictionaries to look up words in either of the two languages. This book is well suited for learners of all levels who are looking for an extensive resource to improve their vocabulary or are interested in learning vocabularies in one particular area of interest.

Learning Community

If you find this book helpful, do us and other fellow learners a favour and leave a comment wherever you bought this book explaining how you use this book in your learning process. Your thoughts and experiences can help and have a positive impact on numerous other language learners around the world. We are looking forward to your stories and thank you in advance for your insights!

Pinhok Languages

Pinhok Languages strives to create language learning products that support learners around the world in their mission of learning a new language. In doing so, we combine best practice from various fields and industries to come up with innovative products and material.

The Pinhok Team hopes this book can help you with your learning process and gets you to your goal faster. Should you be interested in finding out more about us, please go to our website www.pinhok.com. For feedback, error reports, criticism or simply a quick "hi", please also go to our website and use the contact form.

Disclaimer of Liability

THIS BOOK IS PROVIDED "AS IS", WITHOUT WARRANTY OF ANY KIND, EXPRESS OR IMPLIED, INCLUDING BUT NOT LIMITED TO THE WARRANTIES OF MERCHANTABILITY, FITNESS FOR A PARTICULAR PURPOSE AND NONINFRINGEMENT. IN NO EVENT SHALL THE AUTHORS OR COPYRIGHT HOLDERS BE LIABLE FOR ANY CLAIM, DAMAGES OR OTHER LIABILITY, WHETHER IN AN ACTION OF CONTRACT, TORT OR OTHERWISE, ARISING FROM, OUT OF OR IN CONNECTION WITH THE BOOK OR THE USE OR OTHER DEALINGS IN THE BOOK.

Copyright © 2018 Pinhok.com. All Rights Reserved

Table of Contents

Topics

Animals: 7
Sport: 12
Geography: 17
Numbers: 25
Body: 31
Adjective: 35
Verb: 41
House: 47
Food: 54
Life: 65
Transport: 73
Culture: 79
School: 84
Nature: 91
Clothes: 103
Chemist: 108
City: 110
Health: 116
Business: 122
Things: 131
Phrases: 135

Index

English - Russian: 140
Russian - English: 194

Animals

Mammals

dog	(F) собака (sobaka)
cat	(F) кошка (koshka)
rabbit	(M) кролик (krolik)
cow	(F) корова (korova)
sheep	(F) овца (ovtsa)
pig	(F) свинья (svin'ya)
horse	(F) лошадь (loshad')
monkey	(F) обезьяна (obez'yana)
bear	(M) медведь (medved')
lion	(M) лев (lev)
tiger	(M) тигр (tigr)
panda	(F) панда (panda)
giraffe	(M) жираф (zhiraf)
camel	(M) верблюд (verblyud)
elephant	(M) слон (slon)
wolf	(M) волк (volk)
rat	(F) крыса (krysa)
mouse (animal)	(F) мышь (mysh')
zebra	(F) зебра (zebra)
hippo	(M) бегемот (begemot)
polar bear	(M) белый медведь (belyy medved')
rhino	(M) носорог (nosorog)
kangaroo	(M) кенгуру (kenguru)
leopard	(M) леопард (leopard)
cheetah	(M) гепард (gepard)
donkey	(M) осел (osel)
ant-eater	(M) муравьед (murav'yed)

buffalo	(M) буйвол (buyvol)
deer	(M) олень (olen')
squirrel	(F) белка (belka)
elk	(M) лось (los')
piglet	(M) поросенок (porosenok)
bat	(F) летучая мышь (letuchaya mysh')
fox	(F) лиса (lisa)
hamster	(M) хомяк (khomyak)
guinea pig	(F) морская свинка (morskaya svinka)
koala	(F) коала (koala)
lemur	(M) лемур (lemur)
meerkat	(M) сурикат (surikat)
raccoon	(M) енот (yenot)
tapir	(M) тапир (tapir)
bison	(M) бизон (bizon)
goat	(F) коза (koza)
llama	(F) лама (lama)
red panda	(F) красная панда (krasnaya panda)
bull	(M) бык (byk)
hedgehog	(M) еж (yezh)
otter	(F) выдра (vydra)

Birds

pigeon	(M) голубь (golub')
duck	(F) утка (utka)
seagull	(F) чайка (chayka)
chicken (animal)	(F) курица (kuritsa)
cockerel	(M) петух (petukh)
goose	(M) гусь (gus')
owl	(F) сова (sova)

swan	(M) лебедь (lebed')
penguin	(M) пингвин (pingvin)
crow	(F) ворона (vorona)
turkey	(M) индюк (indyuk)
ostrich	(M) страус (straus)
stork	(M) аист (aist)
chick	(M) цыпленок (tsyplenok)
eagle	(M) орел (orel)
raven	(M) ворон (voron)
peacock	(M) павлин (pavlin)
pelican	(M) пеликан (pelikan)
parrot	(M) попугай (popugay)
magpie	(F) сорока (soroka)
flamingo	(M) фламинго (flamingo)
falcon	(M) сокол (sokol)

Insects

fly	(F) муха (mukha)
butterfly	(F) бабочка (babochka)
bug	(M) жук (zhuk)
bee	(F) пчела (pchela)
mosquito	(M) комар (komar)
ant	(M) муравей (muravey)
dragonfly	(F) стрекоза (strekoza)
grasshopper	(M) кузнечик (kuznechik)
caterpillar	(F) гусеница (gusenitsa)
wasp	(F) оса (osa)
moth	(M) мотылек (motylek)
bumblebee	(M) шмель (shmel')
termite	(M) термит (termit)

cricket	(M) сверчок (sverchok)
ladybird	(F) божья коровка (bozh'ya korovka)
praying mantis	(M) богомол (bogomol)

Marine Animals

fish (animal)	(F) рыба (ryba)
whale	(M) кит (kit)
shark	(F) акула (akula)
dolphin	(M) дельфин (del'fin)
seal	(M) тюлень (tyulen')
jellyfish	(F) медуза (meduza)
squid	(M) кальмар (kal'mar)
octopus	(M) осьминог (os'minog)
turtle	(F) черепаха (cherepakha)
sea horse	(M) морской конек (morskoy konek)
sea lion	(M) морской лев (morskoy lev)
walrus	(M) морж (morzh)
shell	(F) ракушка (rakushka)
starfish	(F) морская звезда (morskaya zvezda)
killer whale	(F) касатка (kasatka)
crab	(M) краб (krab)
lobster	(M) омар (omar)

Reptiles & More

snail	(F) улитка (ulitka)
spider	(M) паук (pauk)
frog	(F) лягушка (lyagushka)
snake	(F) змея (zmeya)
crocodile	(M) крокодил (krokodil)
tortoise	(F) черепаха (cherepakha)

scorpion	(M)	скорпион (skorpion)
lizard	(F)	ящерица (yashcheritsa)
chameleon	(M)	хамелеон (khameleon)
tarantula	(M)	тарантул (tarantul)
gecko	(M)	геккон (gekkon)
dinosaur	(M)	динозавр (dinozavr)

Sport

Summer

tennis	(M) теннис (tennis)
badminton	(M) бадминтон (badminton)
boxing	(M) бокс (boks)
golf	(M) гольф (gol'f)
running	(M) бег (beg)
cycling	(F) езда на велосипеде (yezda na velosipede)
gymnastics	(F) гимнастика (gimnastika)
table tennis	(M) настольный теннис (nastol'nyy tennis)
weightlifting	(F) тяжелая атлетика (tyazhelaya atletika)
long jump	(M) прыжок в длину (pryzhok v dlinu)
triple jump	(M) тройной прыжок (troynoy pryzhok)
modern pentathlon	(N) современное пятиборье (sovremennoye pyatibor'ye)
rhythmic gymnastics	(F) художественная гимнастика (khudozhestvennaya gimnastika)
hurdles	(M) барьерный бег (bar'yernyy beg)
marathon	(M) марафон (marafon)
pole vault	(PL) прыжки с шестом (pryzhki s shestom)
high jump	(PL) прыжки в высоту (pryzhki v vysotu)
shot put	(N) толкание ядра (tolkaniye yadra)
javelin throw	(N) метание копья (metaniye kop'ya)
discus throw	(N) метание диска (metaniye diska)
karate	(N) каратэ (karate)
triathlon	(M) триатлон (triatlon)
taekwondo	(N) тхэквондо (tkhekvondo)
sprint	(M) спринт (sprint)
show jumping	(M) конкур (konkur)
shooting	(M) стрелковый спорт (strelkovyy sport)

wrestling	(F) борьба (bor'ba)
mountain biking	(N) катание на горных велосипедах (kataniye na gornykh velosipedakh)
judo	(N) дзюдо (dzyudo)
hammer throw	(N) метание молота (metaniye molota)
fencing	(N) фехтование (fekhtovaniye)
archery	(F) стрельба из лука (strel'ba iz luka)
track cycling	(M) трековый велоспорт (trekovyy velosport)

Winter

skiing	(M) горнолыжный спорт (gornolyzhnyy sport)
snowboarding	(M) сноуборд (snoubord)
ice skating	(N) катание на коньках (kataniye na kon'kakh)
ice hockey	(M) хоккей (khokkey)
figure skating	(N) фигурное катание (figurnoye kataniye)
curling	(M) кёрлинг (korling)
Nordic combined	(N) лыжное двоеборье (lyzhnoye dvoyebor'ye)
biathlon	(M) биатлон (biatlon)
luge	(M) санный спорт (sannyy sport)
bobsleigh	(M) бобслей (bobsley)
short track	(M) шорт-трек (short-trek)
skeleton	(M) скелетон (skeleton)
ski jumping	(PL) прыжки с трамплина (pryzhki s tramplina)
cross-country skiing	(PL) лыжные гонки (lyzhnyye gonki)
ice climbing	(N) ледолазание (ledolazaniye)
freestyle skiing	(M) фристайл (fristayl)
speed skating	(M) конькобежный спорт (kon'kobezhnyy sport)

Team

football	(M) футбол (futbol)

basketball	(M) баскетбол (basketbol)
volleyball	(M) волейбол (voleybol)
cricket	(M) крикет (kriket)
baseball	(M) бейсбол (beysbol)
rugby	(N) регби (regbi)
handball	(M) гандбол (gandbol)
polo	(N) поло (polo)
lacrosse	(M) лакросс (lakross)
field hockey	(M) хоккей на траве (khokkey na trave)
beach volleyball	(M) пляжный волейбол (plyazhnyy voleybol)
Australian football	(M) австралийский футбол (avstraliyskiy futbol)
American football	(M) американский футбол (amerikanskiy futbol)

Water

swimming	(N) плавание (plavaniye)
water polo	(N) водное поло (vodnoye polo)
diving (into the water)	(PL) прыжки в воду (pryzhki v vodu)
surfing	(M) серфинг (serfing)
rowing	(F) гребля (greblya)
synchronized swimming	(N) синхронное плавание (sinkhronnoye plavaniye)
diving (under the water)	(M) дайвинг (dayving)
windsurfing	(M) виндсёрфинг (vindsorfing)
sailing	(M) парусный спорт (parusnyy sport)
waterskiing	(PL) водные лыжи (vodnyye lyzhi)
rafting	(M) рафтинг (rafting)
cliff diving	(M) клифф-дайвинг (kliff-dayving)
canoeing	(F) гребля на байдарках и каноэ (greblya na baydarkakh i kanoe)

Motor

car racing	(PL) автогонки (avtogonki)
rally racing	(N) ралли (ralli)
motorcycle racing	(PL) мотогонки (motogonki)
motocross	(M) мотокросс (motokross)
Formula 1	(F) Формула 1 (Formula 1)
kart	(M) картинг (karting)
jet ski	(M) гидроцикл (gidrotsikl)

Other

hiking	(M) пеший туризм (peshiy turizm)
mountaineering	(M) альпинизм (al'pinizm)
snooker	(M) снукер (snuker)
parachuting	(M) парашютный спорт (parashyutnyy sport)
poker	(M) покер (poker)
dancing	(PL) танцы (tantsy)
bowling	(M) боулинг (bouling)
skateboarding	(M) скейтбординг (skeytbording)
chess	(PL) шахматы (shakhmaty)
bodybuilding	(M) бодибилдинг (bodibilding)
yoga	(F) йога (yoga)
ballet	(M) балет (balet)
bungee jumping	(M) банджи-джампинг (bandzhi-dzhamping)
climbing	(N) скалолазание (skalolazaniye)
roller skating	(N) катание на роликовых коньках (kataniye na rolikovykh kon'kakh)
breakdance	(M) брейк-данс (breyk-dans)
billiards	(M) бильярд (bil'yard)

Gym

warm-up	(F) разминка (razminka)
stretching	(F) растяжка (rastyazhka)

sit-ups	(M) подъем туловища (pod'yem tulovishcha)
push-up	(PL) отжимания (otzhimaniya)
squat	(N) приседание (prisedaniye)
treadmill	(F) беговая дорожка (begovaya dorozhka)
bench press	(M) жим лежа (zhim lezha)
exercise bike	(M) велотренажер (velotrenazher)
cross trainer	(M) кросс-тренажер (kross-trenazher)
circuit training	(F) круговая тренировка (krugovaya trenirovka)
Pilates	(M) пилатес (pilates)
leg press	(M) жим ногами (zhim nogami)
aerobics	(F) аэробика (aerobika)
dumbbell	(F) гантель (gantel')
barbell	(F) штанга (shtanga)
sauna	(F) сауна (sauna)

Geography

Europe

United Kingdom	(F) Великобритания	(Velikobritaniya)
Spain	(F) Испания	(Ispaniya)
Italy	(F) Италия	(Italiya)
France	(F) Франция	(Frantsiya)
Germany	(F) Германия	(Germaniya)
Switzerland	(F) Швейцария	(Shveytsariya)
Albania	(F) Албания	(Albaniya)
Andorra	(F) Андорра	(Andorra)
Austria	(F) Австрия	(Avstriya)
Belgium	(F) Бельгия	(Bel'giya)
Bosnia	(F) Босния	(Bosniya)
Bulgaria	(F) Болгария	(Bolgariya)
Denmark	(F) Дания	(Daniya)
Estonia	(F) Эстония	(Estoniya)
Faroe Islands	(PL) Фарерские острова	(Farerskiye ostrova)
Finland	(F) Финляндия	(Finlyandiya)
Gibraltar	(M) Гибралтар	(Gibraltar)
Greece	(F) Греция	(Gretsiya)
Ireland	(F) Ирландия	(Irlandiya)
Iceland	(F) Исландия	(Islandiya)
Kosovo	(N) Косово	(Kosovo)
Croatia	(F) Хорватия	(Khorvatiya)
Latvia	(F) Латвия	(Latviya)
Liechtenstein	(M) Лихтенштейн	(Likhtenshteyn)
Lithuania	(F) Литва	(Litva)
Luxembourg	(M) Люксембург	(Lyuksemburg)
Malta	(F) Мальта	(Mal'ta)

Macedonia	(F) Македония (Makedoniya)
Moldova	(F) Молдова (Moldova)
Monaco	(N) Монако (Monako)
Montenegro	(F) Черногория (Chernogoriya)
Netherlands	(PL) Нидерланды (Niderlandy)
Norway	(F) Норвегия (Norvegiya)
Poland	(F) Польша (Pol'sha)
Portugal	(F) Португалия (Portugaliya)
Romania	(F) Румыния (Rumyniya)
San Marino	(M) Сан-Марино (San-Marino)
Sweden	(F) Швеция (Shvetsiya)
Serbia	(F) Сербия (Serbiya)
Slovakia	(F) Словакия (Slovakiya)
Slovenia	(F) Словения (Sloveniya)
Czech Republic	(F) Чехия (Chekhiya)
Turkey	(F) Турция (Turtsiya)
Ukraine	(F) Украина (Ukraina)
Hungary	(F) Венгрия (Vengriya)
Vatican City	(M) Ватикан (Vatikan)
Belarus	(F) Беларусь (Belarus')
Cyprus	(M) Кипр (Kipr)

Asia

China	(M) Китай (Kitay)
Russia	(F) Россия (Rossiya)
India	(F) Индия (Indiya)
Singapore	(M) Сингапур (Singapur)
Japan	(F) Япония (Yaponiya)
South Korea	(F) Южная Корея (Yuzhnaya Koreya)
Afghanistan	(M) Афганистан (Afganistan)

Armenia	(F) Армения (Armeniya)
Azerbaijan	(M) Азербайджан (Azerbaydzhan)
Bahrain	(M) Бахрейн (Bakhreyn)
Bangladesh	(M) Бангладеш (Bangladesh)
Bhutan	(M) Бутан (Butan)
Brunei	(M) Бруней (Bruney)
Georgia	(F) Грузия (Gruziya)
Hong Kong	(M) Гонконг (Gonkong)
Indonesia	(F) Индонезия (Indoneziya)
Iraq	(M) Ирак (Irak)
Iran	(M) Иран (Iran)
Israel	(M) Израиль (Izrail')
Yemen	(M) Йемен (Yyemen)
Jordan	(F) Иордания (Iordaniya)
Cambodia	(F) Камбоджа (Kambodzha)
Kazakhstan	(M) Казахстан (Kazakhstan)
Qatar	(M) Катар (Katar)
Kyrgyzstan	(F) Киргизия (Kirgiziya)
Kuwait	(M) Кувейт (Kuveyt)
Laos	(M) Лаос (Laos)
Lebanon	(M) Ливан (Livan)
Macao	(N) Макао (Makao)
Malaysia	(F) Малайзия (Malayziya)
Maldives	(PL) Мальдивы (Mal'divy)
Mongolia	(F) Монголия (Mongoliya)
Burma	(F) Бирма (Birma)
Nepal	(M) Непал (Nepal)
North Korea	(F) Северная Корея (Severnaya Koreya)
Oman	(M) Оман (Oman)
East Timor	(M) Восточный Тимор (Vostochnyy Timor)

Pakistan	(M) Пакистан (Pakistan)
Palestine	(F) Палестина (Palestina)
Philippines	(PL) Филиппины (Filippiny)
Saudi Arabia	(F) Саудовская Аравия (Saudovskaya Araviya)
Sri Lanka	(F) Шри-Ланка (Shri-Lanka)
Syria	(F) Сирия (Siriya)
Tajikistan	(M) Таджикистан (Tadzhikistan)
Taiwan	(M) Тайвань (Tayvan')
Thailand	(M) Таиланд (Tailand)
Turkmenistan	(M) Туркменистан (Turkmenistan)
Uzbekistan	(M) Узбекистан (Uzbekistan)
United Arab Emirates	(PL) Объединенные Арабские Эмираты (Ob'yedinennyye Arabskiye Emiraty)
Vietnam	(M) Вьетнам (V'yetnam)

America

The United States of America	(PL) Соединенные Штаты Америки (Soyedinennyye Shtaty Ameriki)
Mexico	(F) Мексика (Meksika)
Canada	(F) Канада (Kanada)
Brazil	(F) Бразилия (Braziliya)
Argentina	(F) Аргентина (Argentina)
Chile	(N) Чили (Chili)
Antigua and Barbuda	(N) Антигуа и Барбуда (Antigua i Barbuda)
Aruba	(F) Аруба (Aruba)
The Bahamas	(PL) Багамские острова (Bagamskiye ostrova)
Barbados	(M) Барбадос (Barbados)
Belize	(M) Белиз (Beliz)
Bolivia	(F) Боливия (Boliviya)
Cayman Islands	(PL) Каймановы острова (Kaymanovy ostrova)
Costa Rica	(F) Коста-Рика (Kosta-Rika)

Dominica	(F) Доминика (Dominika)
Dominican Republic	(F) Доминиканская Республика (Dominikanskaya Respublika)
Ecuador	(M) Эквадор (Ekvador)
El Salvador	(M) Сальвадор (Sal'vador)
Falkland Islands	(PL) Фолклендские острова (Folklendskiye ostrova)
Grenada	(F) Гренада (Grenada)
Greenland	(F) Гренландия (Grenlandiya)
Guatemala	(F) Гватемала (Gvatemala)
Guyana	(F) Гайана (Gayana)
Haiti	(N) Гаити (Gaiti)
Honduras	(M) Гондурас (Gonduras)
Jamaica	(F) Ямайка (Yamayka)
Colombia	(F) Колумбия (Kolumbiya)
Cuba	(F) Куба (Kuba)
Montserrat	(M) Монтсеррат (Montserrat)
Nicaragua	(N) Никарагуа (Nikaragua)
Panama	(F) Панама (Panama)
Paraguay	(M) Парагвай (Paragvay)
Peru	(N) Перу (Peru)
Puerto Rico	(N) Пуэрто-Рико (Puerto-Riko)
Saint Kitts and Nevis	(M) Сент-Китс и Невис (Sent-Kits i Nevis)
Saint Lucia	(F) Сент-Люсия (Sent-Lyusiya)
Saint Vincent and the Grenadines	(M) Сент-Винсент и Гренадины (Sent-Vinsent i Grenadiny)
Suriname	(M) Суринам (Surinam)
Trinidad and Tobago	(M) Тринидад и Тобаго (Trinidad i Tobago)
Uruguay	(M) Уругвай (Urugvay)
Venezuela	(F) Венесуэла (Venesuela)

Africa

South Africa	(F) Южная Африка (Yuzhnaya Afrika)
Nigeria	(F) Нигерия (Nigeriya)
Morocco	(N) Марокко (Marokko)
Libya	(F) Ливия (Liviya)
Kenya	(F) Кения (Keniya)
Algeria	(M) Алжир (Alzhir)
Egypt	(M) Египет (Yegipet)
Ethiopia	(F) Эфиопия (Efiopiya)
Angola	(F) Ангола (Angola)
Benin	(M) Бенин (Benin)
Botswana	(F) Ботсвана (Botsvana)
Burkina Faso	(F) Буркина-Фасо (Burkina-Faso)
Burundi	(N) Бурунди (Burundi)
Democratic Republic of the Congo	(F) Демократическая Республика Конго (Demokraticheskaya Respublika Kongo)
Djibouti	(N) Джибути (Dzhibuti)
Equatorial Guinea	(F) Экваториальная Гвинея (Ekvatorial'naya Gvineya)
Ivory Coast	(M) Кот-д'Ивуар (Kot-d'Ivuar)
Eritrea	(F) Эритрея (Eritreya)
Gabon	(M) Габон (Gabon)
The Gambia	(F) Гамбия (Gambiya)
Ghana	(F) Гана (Gana)
Guinea	(F) Гвинея (Gvineya)
Guinea-Bissau	(F) Гвинея-Бисау (Gvineya-Bisau)
Cameroon	(M) Камерун (Kamerun)
Cape Verde	(N) Кабо-Верде (Kabo-Verde)
Comoros	(PL) Коморские острова (Komorskiye ostrova)
Lesotho	(N) Лесото (Lesoto)
Liberia	(F) Либерия (Liberiya)
Madagascar	(M) Мадагаскар (Madagaskar)

Malawi	(F) Малави (Malavi)
Mali	(F) Мали (Mali)
Mauritania	(F) Мавритания (Mavritaniya)
Mauritius	(M) Маврикий (Mavrikiy)
Mozambique	(M) Мозамбик (Mozambik)
Namibia	(F) Намибия (Namibiya)
Niger	(M) Нигер (Niger)
Republic of the Congo	(F) Республика Конго (Respublika Kongo)
Rwanda	(F) Руанда (Ruanda)
Zambia	(F) Замбия (Zambiya)
São Tomé and Príncipe	(M) Сан-Томе и Принсипи (San-Tome i Prinsipi)
Senegal	(M) Сенегал (Senegal)
Seychelles	(PL) Сейшельские острова (Seyshel'skiye ostrova)
Sierra Leone	(N) Сьерра-Леоне (S'yerra-Leone)
Zimbabwe	(N) Зимбабве (Zimbabve)
Somalia	(N) Сомали (Somali)
Sudan	(M) Судан (Sudan)
South Sudan	(M) Южный Судан (Yuzhnyy Sudan)
Swaziland	(M) Свазиленд (Svazilend)
Tanzania	(F) Танзания (Tanzaniya)
Togo	(N) Того (Togo)
Chad	(M) Чад (Chad)
Tunisia	(M) Тунис (Tunis)
Uganda	(F) Уганда (Uganda)
Central African Republic	(F) Центральноафриканская Республика (Tsentral'noafrikanskaya Respublika)

Oceania

Australia	(F) Австралия (Avstraliya)
New Zealand	(F) Новая Зеландия (Novaya Zelandiya)

Fiji	(PL) Фиджи (Fidzhi)
American Samoa	(N) Американское Самоа (Amerikanskoye Samoa)
Cook Islands	(PL) Острова Кука (Ostrova Kuka)
French Polynesia	(F) Французская Полинезия (Frantsuzskaya Polineziya)
Kiribati	(N) Кирибати (Kiribati)
Marshall Islands	(PL) Маршалловы острова (Marshallovy ostrova)
Micronesia	(F) Микронезия (Mikroneziya)
Nauru	(N) Науру (Nauru)
New Caledonia	(F) Новая Каледония (Novaya Kaledoniya)
Niue	(N) Ниуэ (Niue)
Palau	(N) Палау (Palau)
Papua New Guinea	(F) Папуа-Новая Гвинея (Papua-Novaya Gvineya)
Solomon Islands	(PL) Соломоновы острова (Solomonovy ostrova)
Samoa	(N) Самоа (Samoa)
Tonga	(F) Тонга (Tonga)
Tuvalu	(N) Тувалу (Tuvalu)
Vanuatu	(N) Вануату (Vanuatu)

Numbers

0-20

0	ноль (nol')
1	один (odin)
2	два (dva)
3	три (tri)
4	четыре (chetyre)
5	пять (pyat')
6	шесть (shest')
7	семь (sem')
8	восемь (vosem')
9	девять (devyat')
10	десять (desyat')
11	одиннадцать (odinnadtsat')
12	двенадцать (dvenadtsat')
13	тринадцать (trinadtsat')
14	четырнадцать (chetyrnadtsat')
15	пятнадцать (pyatnadtsat')
16	шестнадцать (shestnadtsat')
17	семнадцать (semnadtsat')
18	восемнадцать (vosemnadtsat')
19	девятнадцать (devyatnadtsat')
20	двадцать (dvadtsat')

21-100

21	двадцать один (dvadtsat' odin)
22	двадцать два (dvadtsat' dva)
26	двадцать шесть (dvadtsat' shest')
30	тридцать (tridtsat')

31	тридцать один (tridtsat' odin)
33	тридцать три (tridtsat' tri)
37	тридцать семь (tridtsat' sem')
40	сорок (sorok)
41	сорок один (sorok odin)
44	сорок четыре (sorok chetyre)
48	сорок восемь (sorok vosem')
50	пятьдесят (pyat'desyat)
51	пятьдесят один (pyat'desyat odin)
55	пятьдесят пять (pyat'desyat pyat')
59	пятьдесят девять (pyat'desyat devyat')
60	шестьдесят (shest'desyat)
61	шестьдесят один (shest'desyat odin)
62	шестьдесят два (shest'desyat dva)
66	шестьдесят шесть (shest'desyat shest')
70	семьдесят (sem'desyat)
71	семьдесят один (sem'desyat odin)
73	семьдесят три (sem'desyat tri)
77	семьдесят семь (sem'desyat sem')
80	восемьдесят (vosem'desyat)
81	восемьдесят один (vosem'desyat odin)
84	восемьдесят четыре (vosem'desyat chetyre)
88	восемьдесят восемь (vosem'desyat vosem')
90	девяносто (devyanosto)
91	девяносто один (devyanosto odin)
95	девяносто пять (devyanosto pyat')
99	девяносто девять (devyanosto devyat')
100	сто (sto)

101-1000

101	сто один (sto odin)
105	сто пять (sto pyat')
110	сто десять (sto desyat')
151	сто пятьдесят один (sto pyat'desyat odin)
200	двести (dvesti)
202	двести два (dvesti dva)
206	двести шесть (dvesti shest')
220	двести двадцать (dvesti dvadtsat')
262	двести шестьдесят два (dvesti shest'desyat dva)
300	триста (trista)
303	триста три (trista tri)
307	триста семь (trista sem')
330	триста тридцать (trista tridtsat)
373	триста семьдесят три (trista sem'desyat tri)
400	четыреста (chetyresta)
404	четыреста четыре (chetyresta chetyre)
408	четыреста восемь (chetyresta vosem')
440	четыреста сорок (chetyresta sorok)
484	четыреста восемьдесят четыре (chetyresta vosem'desyat chetyre)
500	пятьсот (pyat'sot)
505	пятьсот пять (pyat'sot pyat')
509	пятьсот девять (pyat'sot devyat')
550	пятьсот пятьдесят (pyat'sot pyat'desyat)
595	пятьсот девяносто пять (pyat'sot devyanosto pyat')
600	шестьсот (shest'sot)
601	шестьсот один (shest'sot odin)
606	шестьсот шесть (shest'sot shest')
616	шестьсот шестнадцать (shest'sot shestnadtsat')
660	шестьсот шестьдесят (shest'sot shest'desyat)

700	семьсот (sem'sot)
702	семьсот два (sem'sot dva)
707	семьсот семь (sem'sot sem')
727	семьсот двадцать семь (sem'sot dvadtsat' sem')
770	семьсот семьдесят (sem'sot sem'desyat)
800	восемьсот (vosem'sot)
803	восемьсот три (vosem'sot tri)
808	восемьсот восемь (vosem'sot vosem')
838	восемьсот тридцать восемь (vosem'sot tridtsat' vosem')
880	восемьсот восемьдесят (vosem'sot vosem'desyat)
900	девятьсот (devyat'sot)
904	девятьсот четыре (devyat'sot chetyre)
909	девятьсот девять (devyat'sot devyat')
949	девятьсот сорок девять (devyat'sot sorok devyat')
990	девятьсот девяносто (devyat'sot devyanosto)
1000	тысяча (tysyacha)

1001-10000

1001	тысяча один (tysyacha odin)
1012	тысяча двенадцать (tysyacha dvenadtsat')
1234	тысяча двести тридцать четыре (tysyacha dvesti tridtsat' chetyre)
2000	две тысячи (dve tysyachi)
2002	две тысячи два (dve tysyachi dva)
2023	две тысячи двадцать три (dve tysyachi dvadtsat' tri)
2345	две тысячи триста сорок пять (dve tysyachi trista sorok pyat')
3000	три тысячи (tri tysyachi)
3003	три тысячи три (tri tysyachi tri)

3034	три тысячи тридцать четыре (tri tysyachi tridtsat' chetyre)
3456	три тысячи четыреста пятьдесят шесть (tri tysyachi chetyresta pyat'desyat shest')
4000	четыре тысячи (chetyre tysyachi)
4004	четыре тысячи четыре (chetyre tysyachi chetyre)
4045	четыре тысячи сорок пять (chetyre tysyachi sorok pyat')
4567	четыре тысячи пятьсот шестьдесят семь (chetyre tysyachi pyat'sot shest'desyat sem')
5000	пять тысяч (pyat' tysyach)
5005	пять тысяч пять (pyat' tysyach pyat')
5056	пять тысяч пятьдесят шесть (pyat' tysyach pyat'desyat shest')
5678	пять тысяч шестьсот семьдесят восемь (pyat' tysyach shest'sot sem'desyat vosem')
6000	шесть тысяч (shest' tysyach)
6006	шесть тысяч шесть (shest' tysyach shest')
6067	шесть тысяч шестьдесят семь (shest' tysyach shest'desyat sem')
6789	шесть тысяч семьсот восемьдесят девять (shest' tysyach sem'sot vosem'desyat devyat')
7000	семь тысяч (sem' tysyach)
7007	семь тысяч семь (sem' tysyach sem')
7078	семь тысяч семьдесят восемь (sem' tysyach sem'desyat vosem')
7890	семь тысяч восемьсот девяносто (sem' tysyach vosem'sot devyanosto)
8000	восемь тысяч (vosem' tysyach)
8008	восемь тысяч восемь (vosem' tysyach vosem')
8089	восемь тысяч восемьдесят девять (vosem' tysyach vosem'desyat devyat')
8901	восемь тысяч девятьсот один (vosem' tysyach devyat'sot odin)
9000	девять тысяч (devyat' tysyach)
9009	девять тысяч девять (devyat' tysyach devyat')

9012	девять тысяч двенадцать (devyat' tysyach dvenadtsat')
9090	девять тысяч девяносто (devyat' tysyach devyanosto)
10.000	десять тысяч (desyat' tysyach)

> 10000

10.001	десять тысяч один (desyat' tysyach odin)
20.020	двадцать тысяч двадцать (dvadtsat' tysyach dvadtsat')
30.300	тридцать тысяч триста (tridtsat' tysyach trista)
44.000	сорок четыре тысячи (sorok chetyre tysyachi)
100.000	сто тысяч (sto tysyach)
500.000	пятьсот тысяч (pyat'sot tysyach)
1.000.000	один миллион (odin million)
6.000.000	шесть миллионов (shest' millionov)
10.000.000	десять миллионов (desyat' millionov)
70.000.000	семьдесят миллионов (sem'desyat millionov)
100.000.000	сто миллионов (sto millionov)
800.000.000	восемьсот миллионов (vosem'sot millionov)
1.000.000.000	один миллиард (odin milliard)
9.000.000.000	девять миллиардов (devyat' milliardov)
10.000.000.000	десять миллиардов (desyat' milliardov)
20.000.000.000	двадцать миллиардов (dvadtsat' milliardov)
100.000.000.000	сто миллиардов (sto milliardov)
300.000.000.000	триста миллиардов (trista milliardov)
1.000.000.000.000	один триллион (odin trillion)

Body

Head

nose	(M) нос (nos)
eye	(M) глаз (glaz)
ear	(N) ухо (ukho)
mouth	(M) рот (rot)
tooth	(M) зуб (zub)
lip	(F) губа (guba)
hair	(M) волос (volos)
beard	(F) борода (boroda)
forehead	(M) лоб (lob)
eyebrow	(F) бровь (brov')
eyelashes	(PL) ресницы (resnitsy)
pupil	(M) зрачок (zrachok)
cheek	(F) щека (shcheka)
chin	(M) подбородок (podborodok)
dimple	(F) ямочка (yamochka)
wrinkle	(F) морщина (morshchina)
freckles	(PL) веснушки (vesnushki)
tongue	(M) язык (yazyk)
nostril	(F) ноздря (nozdrya)
temple	(M) висок (visok)

Body Parts

head	(F) голова (golova)
arm	(F) рука (ruka)
hand	(F) рука (ruka)
leg	(F) нога (noga)
knee	(N) колено (koleno)

foot	(F) стопа (stopa)
belly	(M) живот (zhivot)
belly button	(M) пупок (pupok)
bosom	(F) грудь (grud')
chest	(F) грудная клетка (grudnaya kletka)
elbow	(M) локоть (lokot')
nipple	(M) сосок (sosok)
shoulder	(N) плечо (plecho)
neck	(F) шея (sheya)
bottom	(PL) ягодицы (yagoditsy)
nape	(M) затылок (zatylok)
back (part of body)	(F) спина (spina)
waist	(F) талия (taliya)

Hand & Foot

finger	(M) палец (palets)
thumb	(M) большой палец (bol'shoy palets)
fingernail	(M) ноготь (nogot')
toe	(M) палец на ноге (palets na noge)
heel	(F) пятка (pyatka)
palm	(F) ладонь (ladon')
wrist	(N) запястье (zapyast'ye)
fist	(M) кулак (kulak)
Achilles tendon	(N) ахиллово сухожилие (akhillovo sukhozhiliye)
index finger	(M) указательный палец (ukazatel'nyy palets)
middle finger	(M) средний палец (sredniy palets)
ring finger	(M) безымянный палец (bezymyannyy palets)
little finger	(M) мизинец (mizinets)

Bones & More

bone (part of body)	(F) кость (kost')
muscle	(F) мышца (myshtsa)
tendon	(N) сухожилие (sukhozhiliye)
vertebra	(M) позвонок (pozvonok)
pelvis	(M) таз (taz)
breastbone	(F) грудина (grudina)
rib	(N) ребро (rebro)
collarbone	(F) ключица (klyuchitsa)
skeleton	(M) скелет (skelet)
skull	(M) череп (cherep)
shoulder blade	(F) лопатка (lopatka)
kneecap	(F) коленная чашечка (kolennaya chashechka)
cartilage	(M) хрящ (khryashch)
jawbone	(F) челюсть (chelyust')
nasal bone	(F) носовая кость (nosovaya kost')
spine	(M) позвоночник (pozvonochnik)
ankle	(F) лодыжка (lodyzhka)
bone marrow	(M) костный мозг (kostnyy mozg)

Organs

heart	(N) сердце (serdtse)
lung	(N) легкое (legkoye)
liver	(F) печень (pechen')
kidney	(F) почка (pochka)
vein	(F) вена (vena)
artery	(F) артерия (arteriya)
stomach	(M) желудок (zheludok)
intestine	(M) кишечник (kishechnik)
bladder	(M) мочевой пузырь (mochevoy puzyr')
brain	(M) головной мозг (golovnoy mozg)

anus	(M) анус (anus)
appendix	(F) слепая кишка (slepaya kishka)
spleen	(F) селезенка (selezenka)
oesophagus	(M) пищевод (pishchevod)
nerve	(M) нерв (nerv)
spinal cord	(M) спинной мозг (spinnoy mozg)
pancreas	(F) поджелудочная железа (podzheludochnaya zheleza)
gall bladder	(M) желчный пузырь (zhelchnyy puzyr')
colon	(F) толстая кишка (tolstaya kishka)
small intestine	(F) тонкая кишка (tonkaya kishka)
windpipe	(F) трахея (trakheya)
diaphragm	(F) диафрагма (diafragma)
duodenum	(F) двенадцатиперстная кишка (dvenadtsatiperstnaya kishka)

Reproduction

testicle	(N) яичко (yaichko)
penis	(M) пенис (penis)
prostate	(F) предстательная железа (predstatel'naya zheleza)
ovary	(M) яичник (yaichnik)
oviduct	(M) яйцевод (yaytsevod)
uterus	(F) матка (matka)
ovum	(F) яйцеклетка (yaytsekletka)
sperm	(F) сперма (sperma)
scrotum	(F) мошонка (moshonka)
clitoris	(M) клитор (klitor)
vagina	(N) влагалище (vlagalishche)

Adjective

Colours

white	белый (belyy)
black	черный (chernyy)
grey	серый (seryy)
green	зеленый (zelenyy)
blue	синий (siniy)
red	красный (krasnyy)
pink	розовый (rozovyy)
orange (colour)	оранжевый (oranzhevyy)
purple	фиолетовый (fioletovyy)
yellow	желтый (zheltyy)
brown	коричневый (korichnevyy)
beige	бежевый (bezhevyy)

Basics

heavy	тяжелый (tyazhelyy)
light (weight)	легкий (legkiy)
correct	правильный (pravil'nyy)
difficult	сложный (slozhnyy)
easy	легкий (legkiy)
wrong	неправильный (nepravil'nyy)
many	многие (mnogiye)
few	немногие (nemnogiye)
new	новый (novyy)
old (not new)	старый (staryy)
slow	медленный (medlennyy)
quick	быстрый (bystryy)
poor	бедный (bednyy)

rich	богатый (bogatyy)
funny	смешной (smeshnoy)
boring	скучный (skuchnyy)
fair	справедливый (spravedlivyy)
unfair	несправедливый (nespravedlivyy)

Feelings

good	хороший (khoroshiy)
bad	плохой (plokhoy)
weak	слабый (slabyy)
happy	счастливый (schastlivyy)
sad	грустный (grustnyy)
strong	сильный (sil'nyy)
angry	сердитый (serdityy)
healthy	здоровый (zdorovyy)
sick	больной (bol'noy)
hungry	голодный (golodnyy)
thirsty	жаждущий (zhazhdushchiy)
full (from eating)	сытый (sytyy)
proud	гордый (gordyy)
lonely	одинокий (odinokiy)
tired	уставший (ustavshiy)
safe (adjective)	безопасный (bezopasnyy)

Space

short (length)	короткий (korotkiy)
long	длинный (dlinnyy)
round	круглый (kruglyy)
small	маленький (malen'kiy)
big	большой (bol'shoy)

square (adjective)	квадратный (kvadratnyy)
twisting	крученый (kruchenyy)
straight (line)	прямой (pryamoy)
high	высокий (vysokiy)
low	низкий (nizkiy)
steep	крутой (krutoy)
flat	плоский (ploskiy)
shallow	мелкий (melkiy)
deep	глубокий (glubokiy)
broad	широкий (shirokiy)
narrow	узкий (uzkiy)
huge	огромный (ogromnyy)

Place

right	правый (pravyy)
left	левый (levyy)
above	выше (vyshe)
back (position)	задний (zadniy)
front	передний (peredniy)
below	ниже (nizhe)
here	здесь (zdes')
there	там (tam)
close	близкий (blizkiy)
far	далекий (dalekiy)
inside	внутри (vnutri)
outside	снаружи (snaruzhi)
beside	рядом (ryadom)
north	север (sever)
east	восток (vostok)
south	юг (yug)

west	запад (zapad)

Things

cheap	дешевый (deshevyy)
expensive	дорогой (dorogoy)
full (not empty)	полный (polnyy)
hard	жесткий (zhestkiy)
soft	мягкий (myagkiy)
empty	пустой (pustoy)
light (colour)	светлый (svetlyy)
dark	темный (temnyy)
clean	чистый (chistyy)
dirty	грязный (gryaznyy)
boiled	вареный (varenyy)
raw	сырой (syroy)
strange	странный (strannyy)
sour	кислый (kislyy)
sweet	сладкий (sladkiy)
salty	соленый (solenyy)
hot (spicy)	острый (ostryy)
juicy	сочный (sochnyy)

People

short (height)	низкий (nizkiy)
tall	высокий (vysokiy)
slim	тонкий (tonkiy)
young	молодой (molodoy)
old (not young)	старый (staryy)
plump	полный (polnyy)
skinny	тощий (toshchiy)

chubby	круглолицый (kruglolitsyy)
cute	милый (milyy)
clever	умный (umnyy)
evil	злой (zloy)
well-behaved	воспитанный (vospitannyy)
cool	крутой (krutoy)
worried	обеспокоенный (obespokoyennyy)
surprised	удивленный (udivlennyy)
sober	трезвый (trezvyy)
drunk	пьяный (p'yanyy)
blind	слепой (slepoy)
mute	немой (nemoy)
deaf	глухой (glukhoy)
guilty	виновный (vinovnyy)
friendly	дружелюбный (druzhelyubnyy)
busy	занятый (zanyatyy)
bloody	кровавый (krovavyy)
pale	бледный (blednyy)
strict	строгий (strogiy)
holy	святой (svyatoy)
beautiful	красивый (krasivyy)
silly	глупый (glupyy)
crazy	сумасшедший (sumasshedshiy)
ugly	уродливый (urodlivyy)
handsome	красивый (krasivyy)
greedy	жадный (zhadnyy)
generous	щедрый (shchedryy)
brave	храбрый (khrabryy)
shy	застенчивый (zastenchivyy)
lazy	ленивый (lenivyy)

sexy	сексуальный (seksual'nyy)
stupid	глупый (glupyy)

Outside

cold (adjective)	холодный (kholodnyy)
hot (temperature)	горячий (goryachiy)
warm	теплый (teplyy)
silent	тихий (tikhiy)
quiet	тихий (tikhiy)
loud	громкий (gromkiy)
wet	влажный (vlazhnyy)
dry	сухой (sukhoy)
windy	ветреный (vetrenyy)
cloudy	облачный (oblachnyy)
foggy	туманный (tumannyy)
rainy	дождливый (dozhdlivyy)
sunny	солнечный (solnechnyy)

Verb

Basics

to open (e.g. a door)	открывать (otkryvat')
to close	закрывать (zakryvat')
to sit	сидеть (sidet')
to turn on	включать (vklyuchat')
to turn off	выключать (vyklyuchat')
to stand	стоять (stoyat')
to lie	лежать (lezhat')
to come	приходить (prikhodit')
to think	думать (dumat')
to know	знать (znat')
to fail	потерпеть неудачу (poterpet' neudachu)
to win	побеждать (pobezhdat')
to lose	проигрывать (proigryvat')
to live	жить (zhit')
to die	умирать (umirat')

Action

to take	брать (brat')
to put	класть (klast')
to find	находить (nakhodit')
to smoke	курить (kurit')
to steal	красть (krast')
to kill	убивать (ubivat')
to fly	летать (letat')
to carry	носить (nosit')
to rescue	спасать (spasat')
to burn	жечь (zhech')

to injure	ранить (ranit')
to attack	атаковать (atakovat')
to defend	защищать (zashchishchat')
to fall	падать (padat')
to vote	голосовать (golosovat')
to choose	выбирать (vybirat')
to gamble	держать пари (derzhat' pari)
to shoot	стрелять (strelyat')
to saw	пилить (pilit')
to drill	сверлить (sverlit')
to hammer	забивать (zabivat')

Body

to eat	есть (yest')
to drink	пить (pit')
to talk	говорить (govorit')
to laugh	смеяться (smeyat'sya)
to cry	плакать (plakat')
to sing	петь (pet')
to walk	гулять (gulyat')
to watch	смотреть (smotret')
to work	работать (rabotat')
to breathe	дышать (dyshat')
to smell	нюхать (nyukhat')
to listen	слушать (slushat')
to lose weight	худеть (khudet')
to gain weight	полнеть (polnet')
to shrink	уменьшаться (umen'shat'sya)
to grow	расти (rasti)
to smile	улыбаться (ulybat'sya)

to whisper	шептать (sheptat')
to touch	трогать (trogat')
to shiver	дрожать (drozhat')
to bite	кусать (kusat')
to swallow	глотать (glotat')
to faint	падать в обморок (padat' v obmorok)
to stare	пристально смотреть (pristal'no smotret')
to kick	пинать (pinat')
to shout	кричать (krichat')
to spit	плевать (plevat')
to vomit	тошнить (toshnit')

Interaction

to ask	спрашивать (sprashivat')
to answer	отвечать (otvechat')
to help	помогать (pomogat')
to like	нравится (nravitsya)
to love	любить (lyubit')
to give (somebody something)	давать (davat')
to marry	жениться (zhenit'sya)
to meet	встречаться (vstrechat'sya)
to kiss	целовать (tselovat')
to argue	спорить (sporit')
to share	делиться (delit'sya)
to warn	предупреждать (preduprezhdat')
to follow	следовать (sledovat')
to hide	прятаться (pryatat'sya)
to bet	держать пари (derzhat' pari)
to feed	кормить (kormit')
to threaten	угрожать (ugrozhat')

to give a massage	делать массаж (delat' massazh)

Movements

to run	бежать (bezhat')
to swim	плавать (plavat')
to jump	прыгать (prygat')
to lift	поднимать (podnimat')
to pull (... open)	потянуть (potyanut')
to push (... open)	толкнуть (tolknut')
to press (a button)	нажимать (nazhimat')
to throw	бросать (brosat')
to crawl	ползать (polzat')
to fight	бороться (borot'sya)
to catch	ловить (lovit')
to hit	ударить (udarit')
to climb	карабкаться (karabkat'sya)
to roll	сворачивать (svorachivat')
to dig	копать (kopat')

Business

to buy	покупать (pokupat')
to pay	платить (platit')
to sell	продавать (prodavat')
to study	учиться (uchit'sya)
to practice	тренироваться (trenirovat'sya)
to call	звонить (zvonit')
to read	читать (chitat')
to write	писать (pisat')
to calculate	вычислять (vychislyat')
to measure	измерять (izmeryat')

to earn	зарабатывать (zarabatyvat')
to look for	искать (iskat')
to cut	вырезать (vyrezat')
to count	считать (schitat')
to scan	сканировать (skanirovat')
to print	печатать (pechatat')
to copy	копировать (kopirovat')
to fix	ремонтировать (remontirovat')
to quote	цитировать (tsitirovat')
to deliver	доставлять (dostavlyat')

Home

to sleep	спать (spat')
to dream	мечтать (mechtat')
to wait	ждать (zhdat')
to clean	чистить (chistit')
to wash	мыть (myt')
to cook	готовить (gotovit')
to play	играть (igrat')
to travel	путешествовать (puteshestvovat')
to enjoy	наслаждаться (naslazhdat'sya)
to bake	печь (pech')
to fry	жарить (zharit')
to boil	кипятить (kipyatit')
to pray	молиться (molit'sya)
to rest	отдыхать (otdykhat')
to lock	закрывать (zakryvat')
to open (unlock)	открывать (otkryvat')
to celebrate	праздновать (prazdnovat')
to dry	сушить (sushit')

to fish	рыбачить (rybachit')
to take a shower	принимать душ (prinimat' dush)
to iron	гладить (gladit')
to vacuum	пылесосить (pylesosit')
to paint	рисовать (risovat')

House

Parts

door	(F) дверь (dver')
window (building)	(N) окно (okno)
wall	(F) стена (stena)
roof	(F) крыша (krysha)
elevator	(M) лифт (lift)
stairs	(F) лестница (lestnitsa)
toilet (at home)	(M) туалет (tualet)
attic	(M) чердак (cherdak)
basement	(M) подвал (podval)
solar panel	(F) солнечная батарея (solnechnaya batareya)
chimney	(F) дымовая труба (dymovaya truba)
fifth floor	(M) пятый этаж (pyatyy etazh)
first floor	(M) первый этаж (pervyy etazh)
ground floor	(M) цокольный этаж (tsokol'nyy etazh)
first basement floor	(M) первый подвальный этаж (pervyy podval'nyy etazh)
second basement floor	(M) второй подвальный этаж (vtoroy podval'nyy etazh)
living room	(F) гостиная (gostinaya)
bedroom	(F) спальня (spal'nya)
kitchen	(F) кухня (kukhnya)
corridor	(M) коридор (koridor)
front door	(F) парадная дверь (paradnaya dver')
bathroom	(F) ванная (vannaya)
workroom	(N) рабочее помещение (rabocheye pomeshcheniye)
nursery	(F) детская комната (detskaya komnata)
floor	(M) пол (pol)
ceiling	(M) потолок (potolok)

garage door	(PL) гаражные ворота (garazhnyye vorota)
garage	(M) гараж (garazh)
garden	(M) сад (sad)
balcony	(M) балкон (balkon)
terrace	(F) терраса (terrasa)

Devices

TV set	(M) телевизор (televizor)
remote control	(N) дистанционное управление (distantsionnoye upravleniye)
security camera	(F) камера наблюдения (kamera nablyudeniya)
rice cooker	(F) рисоварка (risovarka)
router	(M) роутер (router)
heating	(N) отопление (otopleniye)
washing machine	(F) стиральная машина (stiral'naya mashina)
fridge	(M) холодильник (kholodil'nik)
freezer	(F) морозилка (morozilka)
microwave	(F) микроволновая печь (mikrovolnovaya pech')
oven	(F) духовка (dukhovka)
cooker	(F) плита (plita)
cooker hood	(F) вытяжка (vytyazhka)
dishwasher	(F) посудомоечная машина (posudomoyechnaya mashina)
kettle	(M) чайник (chaynik)
mixer	(M) миксер (mikser)
electric iron	(M) утюг (utyug)
toaster	(M) тостер (toster)
hairdryer	(M) фен (fen)
ironing table	(F) гладильная доска (gladil'naya doska)
vacuum cleaner	(M) пылесос (pylesos)
coffee machine	(F) кофеварка (kofevarka)

air conditioner	(M) кондиционер (konditsioner)
satellite dish	(F) спутниковая тарелка (sputnikovaya tarelka)
fan	(M) вентилятор (ventilyator)
radiator	(F) батарея (batareya)
sewing machine	(F) швейная машина (shveynaya mashina)

Kitchen

spoon	(F) ложка (lozhka)
fork	(F) вилка (vilka)
knife	(M) нож (nozh)
plate	(F) тарелка (tarelka)
bowl	(F) миска (miska)
glass	(M) стакан (stakan)
cup (for cold drinks)	(F) кружка (kruzhka)
garbage bin	(F) корзина для мусора (korzina dlya musora)
chopstick	(F) палочка для еды (palochka dlya yedy)
light bulb	(F) лампочка (lampochka)
pan	(F) сковорода (skovoroda)
pot	(M) горшок (gorshok)
ladle	(M) половник (polovnik)
cup (for hot drinks)	(F) чашка (chashka)
teapot	(M) заварочный чайник (zavarochnyy chaynik)
grater	(F) терка (terka)
cutlery	(PL) столовые приборы (stolovyye pribory)
tap	(M) кран (kran)
sink	(F) раковина (rakovina)
wooden spoon	(F) деревянная ложка (derevyannaya lozhka)
chopping board	(F) разделочная доска (razdelochnaya doska)
sponge	(F) губка (gubka)
corkscrew	(M) штопор (shtopor)

Bedroom

bed	(F) кровать (krovat')
alarm clock	(M) будильник (budil'nik)
curtain	(F) занавеска (zanaveska)
bedside lamp	(M) ночник (nochnik)
wardrobe	(M) гардероб (garderob)
drawer	(M) выдвижной ящик (vydvizhnoy yashchik)
bunk bed	(F) двухъярусная кровать (dvukh'yarusnaya krovat')
desk	(M) письменный стол (pis'mennyy stol)
cupboard	(M) шкаф (shkaf)
shelf	(F) полка (polka)
blanket	(N) одеяло (odeyalo)
pillow	(F) подушка (podushka)
mattress	(M) матрас (matras)
night table	(F) тумбочка (tumbochka)
cuddly toy	(F) мягкая игрушка (myagkaya igrushka)
bookshelf	(F) книжная полка (knizhnaya polka)
lamp	(F) лампа (lampa)
safe (for money)	(M) сейф (seyf)
baby monitor	(F) радионяня (radionyanya)

Bathroom

broom	(F) метла (metla)
shower	(M) душ (dush)
mirror	(N) зеркало (zerkalo)
scale	(PL) весы (vesy)
bucket	(N) ведро (vedro)
toilet paper	(F) туалетная бумага (tualetnaya bumaga)
basin	(F) раковина (rakovina)

towel	(N) полотенце (polotentse)
tile	(F) кафельная плитка (kafel'naya plitka)
toilet brush	(F) щетка для унитаза (shchetka dlya unitaza)
soap	(N) мыло (mylo)
bath towel	(N) банное полотенце (bannoye polotentse)
bathtub	(F) ванна (vanna)
shower curtain	(F) душевая занавеска (dushevaya zanaveska)
laundry	(N) грязное белье (gryaznoye bel'ye)
laundry basket	(F) корзина для белья (korzina dlya bel'ya)
peg	(F) прищепка (prishchepka)
washing powder	(M) стиральный порошок (stiral'nyy poroshok)

Living room

chair	(M) стул (stul)
table	(M) стол (stol)
clock	(PL) часы (chasy)
calendar	(M) календарь (kalendar')
picture	(F) картина (kartina)
carpet	(M) ковер (kover)
sofa	(M) диван (divan)
power outlet	(F) розетка (rozetka)
coffee table	(M) кофейный столик (kofeynyy stolik)
houseplant	(N) комнатное растение (komnatnoye rasteniye)
shoe cabinet	(M) шкаф для обуви (shkaf dlya obuvi)
light switch	(M) выключатель (vyklyuchatel')
stool	(M) табурет (taburet)
rocking chair	(N) кресло-качалка (kreslo-kachalka)
door handle	(F) дверная ручка (dvernaya ruchka)
tablecloth	(F) скатерть (skatert')

blind	(PL) жалюзи (zhalyuzi)
keyhole	(F) замочная скважина (zamochnaya skvazhina)
smoke detector	(M) детектор дыма (detektor dyma)

Garden

neighbour	(M) сосед (sosed)
axe	(M) топор (topor)
saw	(F) пила (pila)
ladder	(F) лестница (lestnitsa)
fence	(M) забор (zabor)
swimming pool (garden)	(M) бассейн (basseyn)
deck chair	(M) шезлонг (shezlong)
mailbox (for letters)	(M) почтовый ящик (pochtovyy yashchik)
pond	(M) пруд (prud)
shed	(M) сарай (saray)
flower bed	(F) клумба (klumba)
lawn mower	(F) газонокосилка (gazonokosilka)
rake	(PL) грабли (grabli)
shovel	(F) лопата (lopata)
water can	(F) лейка (leyka)
wheelbarrow	(F) тачка (tachka)
hose	(M) шланг (shlang)
pitchfork	(PL) вилы (vily)
loppers	(M) сучкорез (suchkorez)
flower pot	(M) цветочный горшок (tsvetochnyy gorshok)
hedge	(F) живая изгородь (zhivaya izgorod')
tree house	(M) дом на дереве (dom na dereve)
hoe	(F) мотыга (motyga)
chainsaw	(F) бензопила (benzopila)
kennel	(F) конура (konura)

| bell | (M) дверной звонок (dvernoy zvonok) |
| greenhouse | (F) теплица (teplitsa) |

Food

Dairy Products

egg	(N) яйцо (yaytso)
milk	(N) молоко (moloko)
cheese	(M) сыр (syr)
butter	(N) сливочное масло (slivochnoye maslo)
yoghurt	(M) йогурт (yogurt)
ice cream	(N) мороженое (morozhenoye)
cream (food)	(PL) сливки (slivki)
sour cream	(F) сметана (smetana)
whipped cream	(PL) взбитые сливки (vzbityye slivki)
egg white	(M) яичный белок (yaichnyy belok)
yolk	(M) желток (zheltok)
boiled egg	(N) вареное яйцо (varenoye yaytso)
buttermilk	(N) кислое молоко (kisloye moloko)
feta	(F) фета (feta)
mozzarella	(F) моцарелла (motsarella)
parmesan	(M) пармезан (parmezan)
milk powder	(N) сухое молоко (sukhoye moloko)

Meat & Fish

meat	(N) мясо (myaso)
fish (to eat)	(F) рыба (ryba)
steak	(M) стейк (steyk)
sausage	(F) колбаса (kolbasa)
bacon	(M) бекон (bekon)
ham	(F) ветчина (vetchina)
lamb	(F) ягнятина (yagnyatina)
pork	(F) свинина (svinina)

beef	(F) говядина (govyadina)
chicken (meat)	(F) курица (kuritsa)
turkey	(F) индюшатина (indyushatina)
salami	(F) салями (salyami)
game	(F) дичь (dich')
veal	(F) телятина (telyatina)
fat meat	(N) жирное мясо (zhirnoye myaso)
lean meat	(N) постное мясо (postnoye myaso)
minced meat	(M) фарш (farsh)
salmon	(M) лосось (losos')
tuna	(M) тунец (tunets)
sardine	(F) сардина (sardina)
fishbone	(F) рыбная кость (rybnaya kost')
bone (food)	(F) кость (kost')

Vegetables

lettuce	(M) салат (salat)
potato	(F) картошка (kartoshka)
mushroom	(M) гриб (grib)
garlic	(M) чеснок (chesnok)
cucumber	(M) огурец (ogurets)
onion	(M) лук (luk)
corn	(F) кукуруза (kukuruza)
pea	(M) горох (gorokh)
bean	(F) фасоль (fasol')
celery	(M) сельдерей (sel'derey)
okra	(F) окра (okra)
bamboo (food)	(M) бамбук (bambuk)
Brussels sprouts	(F) брюссельская капуста (bryussel'skaya kapusta)

spinach	(M) шпинат (shpinat)
turnip cabbage	(F) кольраби (kol'rabi)
broccoli	(F) брокколи (brokkoli)
cabbage	(F) капуста (kapusta)
artichoke	(M) артишок (artishok)
cauliflower	(F) цветная капуста (tsvetnaya kapusta)
pepper (vegetable)	(M) перец (perets)
chili	(M) перец чили (perets chili)
courgette	(M) кабачок (kabachok)
radish	(M) редис (redis)
carrot	(F) морковь (morkov')
sweet potato	(M) сладкий картофель (sladkiy kartofel')
aubergine	(M) баклажан (baklazhan)
ginger	(M) имбирь (imbir')
spring onion	(M) зеленый лук (zelenyy luk)
leek	(M) лук-порей (luk-porey)
truffle	(M) трюфель (tryufel')
pumpkin	(F) тыква (tykva)
lotus root	(M) корень лотоса (koren' lotosa)

Fruits & More

apple	(N) яблоко (yabloko)
banana	(M) банан (banan)
pear	(F) груша (grusha)
tomato	(M) помидор (pomidor)
orange (food)	(M) апельсин (apel'sin)
lemon	(M) лимон (limon)
strawberry	(F) клубника (klubnika)
pineapple	(M) ананас (ananas)
water melon	(M) арбуз (arbuz)

grapefruit	(M) грейпфрут (greypfrut)
lime	(M) лайм (laym)
peach	(M) персик (persik)
apricot	(M) абрикос (abrikos)
plum	(F) слива (sliva)
cherry	(F) вишня (vishnya)
blackberry	(F) ежевика (yezhevika)
cranberry	(F) клюква (klyukva)
blueberry	(F) черника (chernika)
raspberry	(F) малина (malina)
currant	(F) смородина (smorodina)
sugar melon	(F) дыня (dynya)
grape	(M) виноград (vinograd)
avocado	(N) авокадо (avokado)
kiwi	(N) киви (kivi)
lychee	(N) личи (lichi)
papaya	(F) папайя (papayya)
mango	(N) манго (mango)
pistachio	(F) фисташка (fistashka)
cashew	(M) кешью (kesh'yu)
peanut	(M) арахис (arakhis)
hazelnut	(M) лесной орех (lesnoy orekh)
walnut	(M) грецкий орех (gretskiy orekh)
almond	(M) миндаль (mindal')
coconut	(M) кокос (kokos)
date (food)	(M) финик (finik)
fig	(M) инжир (inzhir)
raisin	(M) изюм (izyum)
olive	(F) оливка (olivka)
pit	(F) косточка (kostochka)

peel	(F) кожура (kozhura)
jackfruit	(M) джекфрут (dzhekfrut)

Spices

salt	(F) соль (sol')
pepper (spice)	(M) перец (perets)
curry	(M) карри (karri)
vanilla	(F) ваниль (vanil')
nutmeg	(M) мускатный орех (muskatnyy orekh)
paprika	(F) паприка (paprika)
cinnamon	(F) корица (koritsa)
lemongrass	(M) лемонграсс (lemongrass)
fennel	(M) фенхель (fenkhel')
thyme	(M) тимьян (tim'yan)
mint	(F) мята (myata)
chive	(M) лук-резанец (luk-rezanets)
marjoram	(M) майоран (mayoran)
basil	(M) базилик (bazilik)
rosemary	(M) розмарин (rozmarin)
dill	(M) укроп (ukrop)
coriander	(M) кориандр (koriandr)
oregano	(M) орегано (oregano)

Products

flour	(F) мука (muka)
sugar	(M) сахар (sakhar)
rice	(M) рис (ris)
bread	(M) хлеб (khleb)
noodle	(F) лапша (lapsha)
oil	(N) масло (maslo)

soy	(F) соя (soya)
wheat	(F) пшеница (pshenitsa)
oat	(F) овсянка (ovsyanka)
sugar beet	(F) сахарная свекла (sakharnaya svekla)
sugar cane	(M) сахарный тростник (sakharnyy trostnik)
rapeseed oil	(N) рапсовое масло (rapsovoye maslo)
sunflower oil	(N) подсолнечное масло (podsolnechnoye maslo)
olive oil	(N) оливковое масло (olivkovoye maslo)
peanut oil	(N) арахисовое масло (arakhisovoye maslo)
soy milk	(N) соевое молоко (soyevoye moloko)
corn oil	(N) кукурузное масло (kukuruznoye maslo)
vinegar	(M) уксус (uksus)
yeast	(PL) дрожжи (drozhzhi)
baking powder	(M) разрыхлитель (razrykhlitel')
gluten	(M) глютен (glyuten)
tofu	(M) тофу (tofu)
icing sugar	(F) сахарная пудра (sakharnaya pudra)
granulated sugar	(M) сахарный песок (sakharnyy pesok)
vanilla sugar	(M) ванильный сахар (vanil'nyy sakhar)
tobacco	(M) табак (tabak)

Breakfast

honey	(M) мед (med)
jam	(N) варенье (varen'ye)
peanut butter	(N) арахисовое масло (arakhisovoye maslo)
nut	(M) орех (orekh)
oatmeal	(F) овсяная каша (ovsyanaya kasha)
cereal	(PL) хлопья (khlop'ya)
maple syrup	(M) кленовый сироп (klenovyy sirop)

chocolate cream	(M) шоколадный крем (shokoladnyy krem)
porridge	(F) овсяная каша (ovsyanaya kasha)
baked beans	(F) тушеная фасоль (tushenaya fasol')
scrambled eggs	(F) яичница-болтунья (yaichnitsa-boltun'ya)
muesli	(N) мюсли (myusli)
fruit salad	(M) фруктовый салат (fruktovyy salat)
dried fruit	(PL) сухофрукты (sukhofrukty)

Sweet Food

cake	(M) торт (tort)
cookie	(N) печенье (pechen'ye)
muffin	(M) кекс (keks)
biscuit	(N) печенье (pechen'ye)
chocolate	(M) шоколад (shokolad)
candy	(F) конфета (konfeta)
doughnut	(M) пончик (ponchik)
brownie	(M) Брауни (Brauni)
pudding	(M) пудинг (puding)
custard	(M) заварной крем (zavarnoy krem)
cheesecake	(M) чизкейк (chizkeyk)
crêpe	(M) блин (blin)
croissant	(M) круассан (kruassan)
pancake	(M) блин (blin)
waffle	(F) вафля (vaflya)
apple pie	(M) яблочный пирог (yablochnyy pirog)
marshmallow	(M) зефир (zefir)
chewing gum	(F) жевательная резинка (zhevatel'naya rezinka)
fruit gum	(F) фруктовая жевательная резинка (fruktovaya zhevatel'naya rezinka)
liquorice	(F) лакрица (lakritsa)

caramel	(F) карамель (karamel')
candy floss	(F) сахарная вата (sakharnaya vata)
nougat	(F) нуга (nuga)

Drinks

water	(F) вода (voda)
tea	(M) чай (chay)
coffee	(M) кофе (kofe)
coke	(F) кола (kola)
milkshake	(M) молочный коктейль (molochnyy kokteyl')
orange juice	(M) апельсиновый сок (apel'sinovyy sok)
soda	(F) сода (soda)
tap water	(F) водопроводная вода (vodoprovodnaya voda)
black tea	(M) черный чай (chernyy chay)
green tea	(M) зеленый чай (zelenyy chay)
milk tea	(M) чай с молоком (chay s molokom)
hot chocolate	(M) горячий шоколад (goryachiy shokolad)
cappuccino	(N) капучино (kapuchino)
espresso	(M) эспрессо (espresso)
mocha	(M) мокко (mokko)
iced coffee	(M) холодный кофе (kholodnyy kofe)
lemonade	(M) лимонад (limonad)
apple juice	(M) яблочный сок (yablochnyy sok)
smoothie	(M) смузи (smuzi)
energy drink	(M) энергетический напиток (energeticheskiy napitok)

Alcohol

wine	(N) вино (vino)
beer	(N) пиво (pivo)

champagne	(N) шампанское (shampanskoye)
red wine	(N) красное вино (krasnoye vino)
white wine	(N) белое вино (beloye vino)
gin	(M) джин (dzhin)
vodka	(F) водка (vodka)
whiskey	(N) виски (viski)
rum	(M) ром (rom)
brandy	(N) бренди (brendi)
cider	(M) сидр (sidr)
tequila	(F) текила (tekila)
cocktail	(M) коктейль (kokteyl')
martini	(M) мартини (martini)
liqueur	(M) ликер (liker)
sake	(N) саке (sake)
sparkling wine	(N) игристое вино (igristoye vino)

Meals

soup	(M) суп (sup)
salad	(M) салат (salat)
dessert	(M) десерт (desert)
starter	(N) первое блюдо (pervoye blyudo)
side dish	(M) гарнир (garnir)
snack	(F) закуска (zakuska)
breakfast	(M) завтрак (zavtrak)
lunch	(M) обед (obed)
dinner	(M) ужин (uzhin)
picnic	(M) пикник (piknik)
seafood	(PL) морепродукты (moreprodukty)
street food	(F) уличная еда (ulichnaya yeda)
menu	(N) меню (menyu)

tip	(PL) чаевые (chayevyye)
buffet	(M) буфет (bufet)

Western Food

pizza	(F) пицца (pitstsa)
spaghetti	(N) спагетти (spagetti)
potato salad	(M) картофельный салат (kartofel'nyy salat)
mustard	(F) горчица (gorchitsa)
barbecue	(N) барбекю (barbekyu)
steak	(M) стейк (steyk)
roast chicken	(M) жареный цыпленок (zharenyy tsyplenok)
pie	(M) пирог (pirog)
meatball	(F) фрикаделька (frikadel'ka)
lasagne	(F) лазанья (lazan'ya)
fried sausage	(F) жареная колбаска (zharenaya kolbaska)
skewer	(M) шампур (shampur)
goulash	(M) гуляш (gulyash)
roast pork	(F) жареная свинина (zharenaya svinina)
mashed potatoes	(N) картофельное пюре (kartofel'noye pyure)

Asian Food

sushi	(N) суши (sushi)
spring roll	(M) спринг ролл (spring roll)
instant noodles	(F) лапша быстрого приготовления (lapsha bystrogo prigotovleniya)
fried noodles	(F) жареная лапша (zharenaya lapsha)
fried rice	(M) жареный рис (zharenyy ris)
ramen	(M) рамен (ramen)
dumpling	(PL) клецки (kletski)
dim sum	(M) димсам (dimsam)
hot pot	(M) китайский самовар (kitayskiy samovar)

Beijing duck	(F) утка по-пекински (utka po-pekinski)

Fast Food

burger	(M) бургер (burger)
French fries	(M) картофель-фри (kartofel'-fri)
chips	(PL) чипсы (chipsy)
tomato sauce	(M) кетчуп (ketchup)
mayonnaise	(M) майонез (mayonez)
popcorn	(M) попкорн (popkorn)
hamburger	(M) гамбургер (gamburger)
cheeseburger	(M) чизбургер (chizburger)
hot dog	(M) хот-дог (khot-dog)
sandwich	(M) сэндвич (sendvich)
chicken nugget	(M) куриный наггетс (kurinyy naggets)
fish and chips	(PL) рыба и чипсы (ryba i chipsy)
kebab	(M) кебаб (kebab)
chicken wings	(PL) куриные крылышки (kurinyye kryłyshki)
onion ring	(N) луковое кольцо (lukovoye kol'tso)
potato wedges	(PL) картофельные дольки (kartofel'nyye dol'ki)
nachos	(M) начос (nachos)

Life

Holiday

luggage	(M) багаж (bagazh)
hotel	(F) гостиница (gostinitsa)
passport	(M) заграничный паспорт (zagranichnyy pasport)
tent	(F) палатка (palatka)
sleeping bag	(M) спальный мешок (spal'nyy meshok)
backpack	(M) рюкзак (ryukzak)
room key	(M) ключ от комнаты (klyuch ot komnaty)
guest	(M) гость (gost')
lobby	(M) вестибюль (vestibyul')
room number	(M) номер комнаты (nomer komnaty)
single room	(M) одноместный номер (odnomestnyy nomer)
double room	(M) двухместный номер (dvukhmestnyy nomer)
dorm room	(N) общежитие (obshchezhitiye)
room service	(N) обслуживание номеров (obsluzhivaniye nomerov)
minibar	(M) минибар (minibar)
reservation	(M) предварительный заказ (predvaritel'nyy zakaz)
membership	(N) членство (chlenstvo)
beach	(M) пляж (plyazh)
parasol	(M) зонтик от солнца (zontik ot solntsa)
camping	(M) кемпинг (kemping)
camping site	(N) место для кемпинга (mesto dlya kempinga)
campfire	(M) костер (koster)
air mattress	(M) надувной матрас (naduvnoy matras)
postcard	(F) открытка (otkrytka)
diary	(M) дневник (dnevnik)
visa	(F) виза (viza)

hostel	(M) хостел (khostel)
booking	(N) бронирование (bronirovaniye)
member	(M) член (chlen)

Time

second (time)	(F) секунда (sekunda)
minute	(F) минута (minuta)
hour	(M) час (chas)
morning (6:00-9:00)	(N) утро (utro)
noon	(M) полдень (polden')
evening	(M) вечер (vecher)
morning (9:00-11:00)	(F) первая половина дня (pervaya polovina dnya)
afternoon	(F) вторая половина дня (vtoraya polovina dnya)
night	(F) ночь (noch')
1:00	один час (odin chas)
2:05	два часа пять минут (dva chasa pyat' minut)
3:10	три часа десять минут (tri chasa desyat' minut)
4:15	четыре часа пятнадцать минут (chetyre chasa pyatnadtsat' minut)
5:20	пять часов двадцать минут (pyat' chasov dvadtsat' minut)
6:25	шесть часов двадцать пять минут (shest' chasov dvadtsat' pyat' minut)
7:30	полвосьмого (polvos'mogo)
8:35	восемь тридцать пять (vosem' tridtsat' pyat')
9:40	без двадцати десять (bez dvadtsati desyat')
10:45	без пятнадцати одиннадцать (bez pyatnadtsati odinnadtsat')
11:50	без десяти двенадцать (bez desyati dvenadtsat')
12:55	без пяти час (bez pyati chas)
one o'clock in the morning	час ночи (chas nochi)
two o'clock in the afternoon	два часа дня (dva chasa dnya)

half an hour	полчаса (polchasa)
quarter of an hour	четверть часа (chetvert' chasa)
three quarters of an hour	три четверти часа (tri chetverti chasa)
midnight	(F) полночь (polnoch')
now	сейчас (seychas)

Date

the day before yesterday	позавчера (pozavchera)
yesterday	вчера (vchera)
today	сегодня (segodnya)
tomorrow	завтра (zavtra)
the day after tomorrow	послезавтра (poslezavtra)
spring	(F) весна (vesna)
summer	(N) лето (leto)
autumn	(F) осень (osen')
winter	(F) зима (zima)
Monday	(M) понедельник (ponedel'nik)
Tuesday	(M) вторник (vtornik)
Wednesday	(F) среда (sreda)
Thursday	(M) четверг (chetverg)
Friday	(F) пятница (pyatnitsa)
Saturday	(F) суббота (subbota)
Sunday	(N) воскресенье (voskresen'ye)
day	(M) день (den')
week	(F) неделя (nedelya)
month	(M) месяц (mesyats)
year	(M) год (god)
January	(M) январь (yanvar')
February	(M) февраль (fevral')
March	(M) март (mart)

April	(M) апрель (aprel')
May	(M) май (may)
June	(M) июнь (iyun')
July	(M) июль (iyul')
August	(M) август (avgust)
September	(M) сентябрь (sentyabr')
October	(M) октябрь (oktyabr')
November	(M) ноябрь (noyabr')
December	(M) декабрь (dekabr')
century	(M) век (vek)
decade	(N) десятилетие (desyatiletiye)
millennium	(N) тысячелетие (tysyacheletiye)
2014-01-01	первое января две тысячи четырнадцатого года (pervoye yanvarya dve tysyachi chetyrnadtsatogo goda)
2015-04-03	третье апреля две тысячи пятнадцатого года (tret'ye aprelya dve tysyachi pyatnadtsatogo goda)
2016-05-17	семнадцатое мая две тысячи шестнадцатого года (semnadtsatoye maya dve tysyachi shestnadtsatogo goda)
1988-04-12	двенадцатое апреля тысяча девятьсот восемьдесят восьмого года (dvenadtsatoye aprelya tysyacha devyat'sot vosem'desyat vos'mogo goda)
1899-10-13	тринадцатое октября тысяча восемьсот девяносто девятого года (trinadtsatoye oktyabrya tysyacha vosem'sot devyanosto devyatogo goda)
2000-12-12	двенадцатое декабря двух тысячного года (dvenadtsatoye dekabrya dvukh tysyachnogo goda)
1900-11-11	одиннадцатое ноября тысяча девятисотого года (odinnadtsatoye noyabrya tysyacha devyatisotogo goda)
2010-07-14	четырнадцатое июля две тысячи десятого года (chetyrnadtsatoye iyulya dve tysyachi desyatogo goda)
1907-09-30	тридцатое сентября тысяча девятьсот седьмого года (tridtsatoye sentyabrya tysyacha devyat'sot sed'mogo goda)

2003-02-25	двадцать пятое февраля две тысячи третьего года (dvadtsat' pyatoye fevralya dve tysyachi tret'yego goda)
last week	на прошлой неделе (na proshloy nedele)
this week	на этой неделе (na etoy nedele)
next week	на следующей неделе (na sleduyushchey nedele)
last year	в прошлом году (v proshlom godu)
this year	в этом году (v etom godu)
next year	в следующем году (v sleduyushchem godu)
last month	в прошлом месяце (v proshlom mesyatse)
this month	в этом месяце (v etom mesyatse)
next month	в следующем месяце (v sleduyushchem mesyatse)
birthday	(M) день рождения (den' rozhdeniya)
Christmas	(N) Рождество (Rozhdestvo)
New Year	(M) Новый год (Novyy god)
Ramadan	(M) Рамадан (Ramadan)
Halloween	(M) День всех святых (Den' vsekh svyatykh)
Thanksgiving	(M) День благодарения (Den' blagodareniya)
Easter	(F) Пасха (Paskha)

Relatives

daughter	(F) дочь (doch')
son	(M) сын (syn)
mother	(F) мать (mat')
father	(M) отец (otets)
wife	(F) жена (zhena)
husband	(M) муж (muzh)
grandfather (paternal)	(M) дедушка (dedushka)
grandfather (maternal)	(M) дедушка (dedushka)
grandmother (paternal)	(F) бабушка (babushka)

grandmother (maternal)	(F) бабушка (babushka)
aunt	(F) тетя (tetya)
uncle	(M) дядя (dyadya)
cousin (male)	(M) двоюродный брат (dvoyurodnyy brat)
cousin (female)	(F) двоюродная сестра (dvoyurodnaya sestra)
big brother	(M) старший брат (starshiy brat)
little brother	(M) младший брат (mladshiy brat)
big sister	(F) старшая сестра (starshaya sestra)
little sister	(F) младшая сестра (mladshaya sestra)
niece	(F) племянница (plemyannitsa)
nephew	(M) племянник (plemyannik)
daughter-in-law	(F) невестка (nevestka)
son-in-law	(M) зять (zyat')
grandson	(M) внук (vnuk)
granddaughter	(F) внучка (vnuchka)
brother-in-law	(M) шурин (shurin)
sister-in-law	(F) золовка (zolovka)
father-in-law	(M) тесть, свекр (test', svekr)
mother-in-law	(F) теща, свекровь (teshcha, svekrov')
parents	(PL) родители (roditeli)
parents-in-law	(PL) родители жены, родители мужа (roditeli zheny, roditeli muzha)
siblings	(PL) братья и сестры (brat'ya i sestry)
grandchild	(M) внук (vnuk)
stepfather	(M) отчим (otchim)
stepmother	(F) мачеха (machekha)
stepdaughter	(F) падчерица (padcheritsa)
stepson	(M) пасынок (pasynok)
dad	(M) папа (papa)
mum	(F) мама (mama)

Life

man	(M) мужчина (muzhchina)
woman	(F) женщина (zhenshchina)
child	(M) ребенок (rebenok)
boy	(M) мальчик (mal'chik)
girl	(F) девочка (devochka)
baby	(M) малыш (malysh)
love	(F) любовь (lyubov')
job	(F) работа (rabota)
death	(F) смерть (smert')
birth	(N) рождение (rozhdeniye)
infant	(M) младенец (mladenets)
birth certificate	(N) свидетельство о рождении (svidetel'stvo o rozhdenii)
nursery	(PL) ясли (yasli)
kindergarten	(M) детский сад (detskiy sad)
primary school	(F) начальная школа (nachal'naya shkola)
twins	(PL) двойняшки (dvoynyashki)
triplets	(PL) тройняшки (troynyashki)
junior school	(F) младшая школа (mladshaya shkola)
high school	(F) средняя школа (srednyaya shkola)
friend	(M) друг (drug)
girlfriend	(F) девушка (devushka)
boyfriend	(M) парень (paren')
university	(M) университет (universitet)
vocational training	(N) профессиональное обучение (professional'noye obucheniye)
graduation	(M) выпускной (vypusknoy)
engagement	(F) помолвка (pomolvka)
fiancé	(M) жених (zhenikh)
fiancée	(F) невеста (nevesta)

lovesickness	(F) любовная тоска (lyubovnaya toska)
sex	(M) секс (seks)
engagement ring	(N) обручальное кольцо (obruchal'noye kol'tso)
kiss	(M) поцелуй (potseluy)
wedding	(F) свадьба (svad'ba)
divorce	(M) развод (razvod)
groom	(M) жених (zhenikh)
bride	(F) невеста (nevesta)
wedding dress	(N) свадебное платье (svadebnoye plat'ye)
wedding ring	(N) обручальное кольцо (obruchal'noye kol'tso)
wedding cake	(M) свадебный торт (svadebnyy tort)
honeymoon	(M) медовый месяц (medovyy mesyats)
funeral	(PL) похороны (pokhorony)
retirement	(M) выход на пенсию (vykhod na pensiyu)
coffin	(M) гроб (grob)
corpse	(M) труп (trup)
urn	(F) урна (urna)
grave	(F) могила (mogila)
widow	(F) вдова (vdova)
widower	(M) вдовец (vdovets)
orphan	(F) сирота (sirota)
testament	(N) завещание (zaveshchaniye)
heir	(M) наследник (naslednik)
heritage	(N) наследие (naslediye)
gender	(M) пол (pol)
cemetery	(N) кладбище (kladbishche)

Transport

Car

tyre	(F) шина (shina)
steering wheel	(M) руль (rul')
throttle	(F) дроссельная заслонка (drossel'naya zaslonka)
brake	(M) тормоз (tormoz)
clutch	(N) сцепление (stsepleniye)
horn	(M) гудок (gudok)
windscreen wiper	(PL) дворники (dvorniki)
battery	(M) аккумулятор (akkumulyator)
rear trunk	(M) багажник (bagazhnik)
wing mirror	(N) боковое зеркало (bokovoye zerkalo)
rear mirror	(N) зеркало заднего вида (zerkalo zadnego vida)
windscreen	(N) ветровое стекло (vetrovoye steklo)
bonnet	(M) капот (kapot)
side door	(F) боковая дверь (bokovaya dver')
front light	(F) передняя фара (perednyaya fara)
bumper	(M) бампер (bamper)
seatbelt	(M) ремень безопасности (remen' bezopasnosti)
diesel	(M) дизель (dizel')
petrol	(M) бензин (benzin)
back seat	(N) заднее сидение (zadneye sideniye)
front seat	(N) переднее сиденье (peredneye siden'ye)
gear shift	(F) ручная коробка передач (ruchnaya korobka peredach)
automatic	(F) автоматическая коробка передач (avtomaticheskaya korobka peredach)
dashboard	(F) приборная панель (pribornaya panel')
airbag	(F) подушка безопасности (podushka bezopasnosti)

GPS	(N) GPS (GPS)
speedometer	(M) спидометр (spidometr)
gear lever	(M) рычаг переключения передач (rychag pereklyucheniya peredach)
motor	(M) двигатель (dvigatel')
exhaust pipe	(F) выхлопная труба (vykhlopnaya truba)
hand brake	(M) ручной тормоз (ruchnoy tormoz)
shock absorber	(M) амортизатор (amortizator)
rear light	(PL) задние фары (zadniye fary)
brake light	(M) стоп-сигнал (stop-signal)

Bus & Train

train	(M) поезд (poyezd)
bus	(M) автобус (avtobus)
tram	(M) трамвай (tramvay)
subway	(N) метро (metro)
bus stop	(F) автобусная остановка (avtobusnaya ostanovka)
train station	(F) железнодорожная станция (zheleznodorozhnaya stantsiya)
timetable	(N) расписание (raspisaniye)
fare	(F) плата за проезд (plata za proyezd)
minibus	(M) микроавтобус (mikroavtobus)
school bus	(M) школьный автобус (shkol'nyy avtobus)
platform	(F) платформа (platforma)
locomotive	(M) локомотив (lokomotiv)
steam train	(M) паровоз (parovoz)
high-speed train	(M) высокоскоростной поезд (vysokoskorostnoy poyezd)
monorail	(M) монорельс (monorel's)
freight train	(M) товарный поезд (tovarnyy poyezd)
ticket office	(F) билетная касса (biletnaya kassa)

ticket vending machine	(M) автомат по продаже билетов (avtomat po prodazhe biletov)
railtrack	(PL) рельсы (rel'sy)

Plane

airport	(M) аэропорт (aeroport)
emergency exit (on plane)	(M) запасный выход (zapasnyy vykhod)
helicopter	(M) вертолет (vertolet)
wing	(N) крыло (krylo)
engine	(M) двигатель (dvigatel')
life jacket	(M) спасательный жилет (spasatel'nyy zhilet)
cockpit	(F) кабина (kabina)
row	(M) ряд (ryad)
window (in plane)	(N) место у окна (mesto u okna)
aisle	(N) место в проходе (mesto v prokhode)
glider	(M) планер (planer)
cargo aircraft	(M) грузовой самолет (gruzovoy samolet)
business class	(M) бизнес-класс (biznes-klass)
economy class	(M) эконом-класс (ekonom-klass)
first class	(M) первый класс (pervyy klass)
carry-on luggage	(F) ручная кладь (ruchnaya klad')
check-in desk	(F) стойка регистрации (stoyka registratsii)
airline	(F) авиакомпания (aviakompaniya)
control tower	(F) диспетчерская вышка (dispetcherskaya vyshka)
customs	(F) таможня (tamozhnya)
arrival	(N) прибытие (pribytiye)
departure	(N) отправление (otpravleniye)
runway	(F) взлётная полоса (vzlotnaya polosa)

Ship

harbour	(F) гавань (gavan')
container	(M) контейнер (konteyner)
container ship	(N) грузовое судно (gruzovoye sudno)
yacht	(F) яхта (yakhta)
ferry	(M) паром (parom)
anchor	(M) якорь (yakor')
rowing boat	(F) гребная лодка (grebnaya lodka)
rubber boat	(F) надувная лодка (naduvnaya lodka)
mast	(F) мачта (machta)
life buoy	(M) спасательный круг (spasatel'nyy krug)
sail	(M) парус (parus)
radar	(M) радар (radar)
deck	(F) палуба (paluba)
lifeboat	(F) спасательная шлюпка (spasatel'naya shlyupka)
bridge	(M) капитанский мостик (kapitanskiy mostik)
engine room	(N) машинное отделение (mashinnoye otdeleniye)
cabin	(F) кабина (kabina)
sailing boat	(M) парусник (parusnik)
submarine	(F) подводная лодка (podvodnaya lodka)
aircraft carrier	(M) авианосец (avianosets)
cruise ship	(N) круизное судно (kruiznoye sudno)
fishing boat	(F) рыбацкая лодка (rybatskaya lodka)
pier	(M) пирс (pirs)
lighthouse	(M) маяк (mayak)
canoe	(N) каноэ (kanoe)

Infrastructure

road	(F) дорога (doroga)
motorway	(F) автомагистраль (avtomagistral')

petrol station	(F) заправка (zapravka)
traffic light	(M) светофор (svetofor)
construction site	(F) строительная площадка (stroitel'naya ploshchadka)
car park	(F) автомобильная стоянка (avtomobil'naya stoyanka)
traffic jam	(F) пробка (probka)
intersection	(M) перекресток (perekrestok)
toll	(PL) пошлины (poshliny)
overpass	(M) надземный пешеходный переход (nadzemnyy peshekhodnyy perekhod)
underpass	(M) подземный пешеходный переход (podzemnyy peshekhodnyy perekhod)
one-way street	(F) улица с односторонним движением (ulitsa s odnostoronnim dvizheniyem)
pedestrian crossing	(M) пешеходный переход (peshekhodnyy perekhod)
speed limit	(N) ограничение скорости (ogranicheniye skorosti)
roundabout	(N) кольцевое движение (kol'tsevoye dvizheniye)
parking meter	(M) счетчик на стоянке (schetchik na stoyanke)
car wash	(F) автомобильная мойка (avtomobil'naya moyka)
pavement	(M) тротуар (trotuar)
rush hour	(M) час пик (chas pik)
street light	(N) уличное освещение (ulichnoye osveshcheniye)

Others

car	(M) автомобиль (avtomobil')
ship	(M) корабль (korabl')
plane	(M) самолет (samolet)
bicycle	(M) велосипед (velosiped)
taxi	(N) такси (taksi)
lorry	(M) грузовик (gruzovik)

snowmobile	(M) снегоход (snegokhod)
cable car	(M) фуникулер (funikuler)
classic car	(M) классический автомобиль (klassicheskiy avtomobil')
limousine	(M) лимузин (limuzin)
motorcycle	(M) мотоцикл (mototsikl)
motor scooter	(M) мопед (moped)
tandem	(M) тандем (tandem)
racing bicycle	(M) гоночный велосипед (gonochnyy velosiped)
hot-air balloon	(M) воздушный шар (vozdushnyy shar)
caravan	(M) дом на колёсах (dom na kolosakh)
trailer	(M) прицеп (pritsep)
child seat	(N) детское кресло (detskoye kreslo)
antifreeze fluid	(F) незамерзающая жидкость (nezamerzayushchaya zhidkost')
jack	(M) домкрат (domkrat)
chain	(F) цепь (tsep')
air pump	(M) воздушный насос (vozdushnyy nasos)
tractor	(M) трактор (traktor)
combine harvester	(M) зерноуборочный комбайн (zernouborochnyy kombayn)
excavator	(M) экскаватор (ekskavator)
road roller	(M) дорожный каток (dorozhnyy katok)
crane truck	(M) автокран (avtokran)
tank	(M) танк (tank)
concrete mixer	(F) бетономешалка (betonomeshalka)
forklift truck	(M) грузоподъемник (gruzopod'yemnik)

Culture

Cinema & TV

TV	(N) ТВ (TV)
cinema	(N) кино (kino)
ticket	(M) билет (bilet)
comedy	(F) комедия (komediya)
thriller	(M) триллер (triller)
horror movie	(M) фильм ужасов (fil'm uzhasov)
western film	(M) вестерн (vestern)
science fiction	(F) научная фантастика (nauchnaya fantastika)
cartoon	(M) мультфильм (mul'tfil'm)
screen (cinema)	(M) экран (ekran)
seat	(N) место (mesto)
news	(PL) новости (novosti)
channel	(M) канал (kanal)
TV series	(M) телесериал (teleserial)

Instruments

violin	(F) скрипка (skripka)
keyboard (music)	(M) синтезатор (sintezator)
piano	(N) пианино (pianino)
trumpet	(F) труба (truba)
guitar	(F) гитара (gitara)
flute	(F) флейта (fleyta)
harp	(F) арфа (arfa)
double bass	(M) контрабас (kontrabas)
viola	(M) альт (al't)
cello	(F) виолончель (violonchel')
oboe	(M) гобой (goboy)

saxophone	(M) саксофон (saksofon)
bassoon	(M) фагот (fagot)
clarinet	(M) кларнет (klarnet)
tambourine	(M) бубен (buben)
cymbals	(PL) тарелки (tarelki)
snare drum	(M) барабан (baraban)
kettledrum	(F) литавра (litavra)
triangle	(M) музыкальный треугольник (muzykal'nyy treugol'nik)
trombone	(M) тромбон (trombon)
French horn	(F) валторна (valtorna)
tuba	(F) туба (tuba)
bass guitar	(F) бас-гитара (bas-gitara)
electric guitar	(F) электрогитара (elektrogitara)
drums	(PL) барабаны (barabany)
organ	(M) орган (organ)
xylophone	(M) ксилофон (ksilofon)
accordion	(M) аккордеон (akkordeon)
ukulele	(N) укулеле (ukulele)
harmonica	(F) губная гармоника (gubnaya garmonika)

Music

opera	(F) опера (opera)
orchestra	(M) оркестр (orkestr)
concert	(M) концерт (kontsert)
classical music	(F) классическая музыка (klassicheskaya muzyka)
pop	(M) поп (pop)
jazz	(M) джаз (dzhaz)
blues	(M) блюз (blyuz)
punk	(M) панк (pank)

rock (music)	(M) рок (rok)
folk music	(F) народная музыка (narodnaya muzyka)
heavy metal	(M) хэви-метал (khevi-metal)
rap	(M) рэп (rep)
reggae	(M) регги (reggi)
lyrics	(M) текст песни (tekst pesni)
melody	(F) мелодия (melodiya)
note (music)	(F) нота (nota)
clef	(M) ключ (klyuch)
symphony	(F) симфония (simfoniya)

Arts

theatre	(M) театр (teatr)
stage	(F) сцена (stsena)
audience	(M) зритель (zritel')
painting	(F) картина (kartina)
drawing	(M) рисунок (risunok)
palette	(F) палитра (palitra)
brush (to paint)	(F) кисть (kist')
oil paint	(F) масляная краска (maslyanaya kraska)
origami	(N) оригами (origami)
pottery	(F) керамика (keramika)
woodwork	(N) изделие из дерева (izdeliye iz dereva)
sculpting	(N) ваяние (vayaniye)
cast	(M) состав исполнителей (sostav ispolniteley)
play	(F) пьеса (p'yesa)
script	(M) текст (tekst)
portrait	(M) портрет (portret)

Dancing

ballet	(M) балет (balet)
Viennese waltz	(M) венский вальс (venskiy val's)
tango	(N) танго (tango)
Ballroom dance	(M) бальный танец (bal'nyy tanets)
Latin dance	(M) латинский танец (latinskiy tanets)
rock 'n' roll	(M) рок-н-ролл (rok-n-roll)
waltz	(M) вальс (val's)
quickstep	(M) квикстеп (kvikstep)
cha-cha	(N) ча-ча-ча (cha-cha-cha)
jive	(M) джайв (dzhayv)
salsa	(F) сальса (sal'sa)
samba	(F) самба (samba)
rumba	(F) румба (rumba)

Writing

newspaper	(F) газета (gazeta)
magazine	(M) журнал (zhurnal)
advertisement	(F) реклама (reklama)
letter (like a, b, c)	(F) буква (bukva)
character	(M) символ (simvol)
text	(M) текст (tekst)
flyer	(F) листовка (listovka)
leaflet	(F) брошюра (broshyura)
comic book	(M) комикс (komiks)
article	(F) статья (stat'ya)
photo album	(M) фотоальбом (fotoal'bom)
newsletter	(F) новостная рассылка (novostnaya rassylka)
joke	(F) шутка (shutka)
Sudoku	(N) судоку (sudoku)
crosswords	(PL) кроссворды (krossvordy)

caricature	(F) карикатура (karikatura)
table of contents	(N) содержание (soderzhaniye)
preface	(N) предисловие (predisloviye)
content	(N) содержание (soderzhaniye)
heading	(M) заголовок (zagolovok)
publisher	(M) издатель (izdatel')
novel	(M) роман (roman)
textbook	(M) учебник (uchebnik)
alphabet	(M) алфавит (alfavit)

School

Basics

book	(F) книга (kniga)
dictionary	(M) словарь (slovar')
library	(F) библиотека (biblioteka)
exam	(M) экзамен (ekzamen)
blackboard	(F) классная доска (klassnaya doska)
desk	(F) парта (parta)
chalk	(M) мел (mel)
schoolyard	(M) школьный двор (shkol'nyy dvor)
school uniform	(F) школьная форма (shkol'naya forma)
schoolbag	(M) портфель (portfel')
notebook	(F) тетрадь (tetrad')
lesson	(M) урок (urok)
homework	(N) домашнее задание (domashneye zadaniye)
essay	(N) сочинение (sochineniye)
term	(M) семестр (semestr)
sports ground	(F) спортивная площадка (sportivnaya ploshchadka)
reading room	(M) читальный зал (chital'nyy zal)

Subjects

history	(F) история (istoriya)
science	(F) наука (nauka)
physics	(F) физика (fizika)
chemistry	(F) химия (khimiya)
art	(N) изобразительное искусство (izobrazitel'noye iskusstvo)
English	(M) английский язык (angliyskiy yazyk)
Latin	(M) латинский язык (latinskiy yazyk)
Spanish	(M) испанский язык (ispanskiy yazyk)

Mandarin	(M) китайский язык (kitayskiy yazyk)
Japanese	(M) японский язык (yaponskiy yazyk)
French	(M) французский язык (frantsuzskiy yazyk)
German	(M) немецкий язык (nemetskiy yazyk)
Arabic	(M) арабский язык (arabskiy yazyk)
literature	(F) литература (literatura)
geography	(F) география (geografiya)
mathematics	(F) математика (matematika)
biology	(F) биология (biologiya)
physical education	(F) физическая культура (fizicheskaya kul'tura)
economics	(F) экономика (ekonomika)
philosophy	(F) философия (filosofiya)
politics	(F) политика (politika)
geometry	(F) геометрия (geometriya)

Stationery

pen	(F) ручка (ruchka)
pencil	(M) карандаш (karandash)
rubber	(M) ластик (lastik)
scissors	(PL) ножницы (nozhnitsy)
ruler	(F) линейка (lineyka)
hole puncher	(M) дырокол (dyrokol)
paperclip	(F) скрепка (skrepka)
ball pen	(F) шариковая ручка (sharikovaya ruchka)
glue	(M) клей (kley)
adhesive tape	(M) скотч (skotch)
stapler	(M) стэплер (stepler)
oil pastel	(F) масляная пастель (maslyanaya pastel')
ink	(PL) чернила (chernila)
coloured pencil	(M) цветной карандаш (tsvetnoy karandash)

pencil sharpener	(F) точилка (tochilka)
pencil case	(M) пенал (penal)

Mathematics

result	(M) результат (rezul'tat)
addition	(N) сложение (slozheniye)
subtraction	(N) вычитание (vychitaniye)
multiplication	(N) умножение (umnozheniye)
division	(N) деление (deleniye)
fraction	(F) дробь (drob')
numerator	(M) числитель (chislitel')
denominator	(M) знаменатель (znamenatel')
arithmetic	(F) арифметика (arifmetika)
equation	(N) уравнение (uravneniye)
first	(M) первый (pervyy)
second (2nd)	(M) второй (vtoroy)
third	(M) третий (tretiy)
fourth	(M) четвертый (chetvertyy)
millimeter	(M) миллиметр (millimetr)
centimeter	(M) сантиметр (santimetr)
decimeter	(M) дециметр (detsimetr)
yard	(M) ярд (yard)
meter	(M) метр (metr)
mile	(F) миля (milya)
square meter	(M) квадратный метр (kvadratnyy metr)
cubic meter	(M) кубический метр (kubicheskiy metr)
foot	(M) фут (fut)
inch	(M) дюйм (dyuym)
0%	ноль процентов (nol' protsentov)
100%	сто процентов (sto protsentov)

3% три процента (tri protsenta)

Geometry

circle	(M)	круг (krug)
square (shape)	(M)	квадрат (kvadrat)
triangle	(M)	треугольник (treugol'nik)
height	(F)	высота (vysota)
width	(F)	ширина (shirina)
vector	(M)	вектор (vektor)
diagonal	(F)	диагональ (diagonal')
radius	(M)	радиус (radius)
tangent	(M)	тангенс (tangens)
ellipse	(M)	эллипс (ellips)
rectangle	(M)	прямоугольник (pryamougol'nik)
rhomboid	(M)	ромбоид (romboid)
octagon	(M)	восьмиугольник (vos'miugol'nik)
hexagon	(M)	шестиугольник (shestiugol'nik)
rhombus	(M)	ромб (romb)
trapezoid	(F)	трапеция (trapetsiya)
cone	(M)	конус (konus)
cylinder	(M)	цилиндр (tsilindr)
cube	(M)	куб (kub)
pyramid	(F)	пирамида (piramida)
straight line	(F)	прямая линия (pryamaya liniya)
right angle	(M)	прямой угол (pryamoy ugol)
angle	(M)	угол (ugol)
curve	(F)	кривая (krivaya)
volume	(M)	объем (ob'yem)
area	(F)	площадь (ploshchad')
sphere	(F)	сфера (sfera)

Science

gram	(M) грамм (gramm)
kilogram	(M) килограмм (kilogramm)
ton	(F) тонна (tonna)
liter	(M) литр (litr)
volt	(M) вольт (vol't)
watt	(M) ватт (vatt)
ampere	(M) ампер (amper)
laboratory	(F) лаборатория (laboratoriya)
funnel	(F) воронка (voronka)
Petri dish	(F) чашка Петри (chashka Petri)
microscope	(M) микроскоп (mikroskop)
magnet	(M) магнит (magnit)
pipette	(F) пипетка (pipetka)
filter	(M) фильтр (fil'tr)
pound	(M) фунт (funt)
ounce	(F) унция (untsiya)
milliliter	(M) миллилитр (millilitr)
force	(F) сила (sila)
gravity	(F) сила тяжести (sila tyazhesti)
theory of relativity	(F) теория относительности (teoriya otnositel'nosti)

University

lecture	(F) лекция (lektsiya)
canteen	(F) столовая (stolovaya)
scholarship	(F) стипендия (stipendiya)
graduation ceremony	(M) выпускной вечер (vypusknoy vecher)
lecture theatre	(M) лекционный зал (lektsionnyy zal)
bachelor	(M) бакалавр (bakalavr)

master	(M) магистр (magistr)
PhD	(M) доктор философии (doktor filosofii)
diploma	(M) диплом (diplom)
degree	(F) степень (stepen')
thesis	(M) тезис (tezis)
research	(N) исследование (issledovaniye)
business school	(F) бизнес-школа (biznes-shkola)

Characters

full stop	(F) точка (tochka)
question mark	(M) вопросительный знак (voprositel'nyy znak)
exclamation mark	(M) восклицательный знак (vosklitsatel'nyy znak)
space	(M) пробел (probel)
colon	(N) двоеточие (dvoyetochiye)
comma	(F) запятая (zapyataya)
hyphen	(M) дефис (defis)
underscore	(N) нижнее подчеркивание (nizhneye podcherkivaniye)
apostrophe	(M) апостроф (apostrof)
semicolon	(F) точка с запятой (tochka s zapyatoy)
( )	(F) скобка (skobka)
/	(M) слэш (slesh)
&	и (i)
...	и так далее (i tak daleye)
1 + 2	один плюс два (odin plyus dva)
2 x 3	два умножить на три (dva umnozhit' na tri)
3 - 2	три минус два (tri minus dva)
1 + 1 = 2	один плюс один равно двум (odin plyus odin ravno dvum)
4 / 2	четыре разделить на два (chetyre razdelit' na dva)

4^2	четыре в квадрате (chetyre v kvadrate)
6^3	шесть в кубе (shest' v kube)
3 to the power of 5	три в пятой степени (tri v pyatoy stepeni)
3.4	три целых четыре десятых (tri tselykh chetyre desyatykh)
www.pinhok.com	www точка pinhok точка ком (www tochka pinhok tochka kom)
contact@pinhok.com	контакт собака pinhok точка ком (kontakt sobaka pinhok tochka kom)
x < y	x меньше y (kh men'she u)
x > y	x больше y (kh bol'she u)
x >= y	x больше или равен y (kh bol'she ili raven u)
x <= y	x меньше или равен y (kh men'she ili raven u)

Nature

Elements

fire (general)	(M) огонь (ogon')
soil	(F) почва (pochva)
ash	(M) пепел (pepel)
sand	(M) песок (pesok)
coal	(M) уголь (ugol')
diamond	(M) алмаз (almaz)
clay	(F) глина (glina)
chalk	(M) мел (mel)
limestone	(M) известняк (izvestnyak)
granite	(M) гранит (granit)
ruby	(M) рубин (rubin)
opal	(M) опал (opal)
jade	(M) жадеит (zhadeit)
sapphire	(M) сапфир (sapfir)
quartz	(M) кварц (kvarts)
calcite	(M) кальцит (kal'tsit)
graphite	(M) графит (grafit)
lava	(F) лава (lava)
magma	(F) магма (magma)

Universe

planet	(F) планета (planeta)
star	(F) звезда (zvezda)
sun	(N) солнце (solntse)
earth	(F) Земля (Zemlya)
moon	(F) Луна (Luna)
rocket	(F) ракета (raketa)

Mercury	(M) Меркурий (Merkuriy)
Venus	(F) Венера (Venera)
Mars	(M) Марс (Mars)
Jupiter	(M) Юпитер (Yupiter)
Saturn	(M) Сатурн (Saturn)
Neptune	(M) Нептун (Neptun)
Uranus	(M) Уран (Uran)
Pluto	(M) Плутон (Pluton)
comet	(F) комета (kometa)
asteroid	(M) астероид (asteroid)
galaxy	(F) галактика (galaktika)
Milky Way	(M) Млечный Путь (Mlechnyy Put')
lunar eclipse	(N) лунное затмение (lunnoye zatmeniye)
solar eclipse	(N) солнечное затмение (solnechnoye zatmeniye)
meteorite	(M) метеорит (meteorit)
black hole	(F) черная дыра (chernaya dyra)
satellite	(M) спутник (sputnik)
space station	(F) космическая станция (kosmicheskaya stantsiya)
space shuttle	(M) космический шаттл (kosmicheskiy shattl)
telescope	(M) телескоп (teleskop)

Earth (1)

equator	(M) экватор (ekvator)
North Pole	(M) Северный полюс (Severnyy polyus)
South Pole	(M) Южный полюс (Yuzhnyy polyus)
tropics	(PL) тропики (tropiki)
northern hemisphere	(N) Северное полушарие (Severnoye polushariye)
southern hemisphere	(N) Южное полушарие (Yuzhnoye polushariye)
longitude	(F) долгота (dolgota)

latitude	(F) широта (shirota)
Pacific Ocean	(M) Тихий океан (Tikhiy okean)
Atlantic Ocean	(M) Атлантический океан (Atlanticheskiy okean)
Mediterranean Sea	(N) Средиземное море (Sredizemnoye more)
Black Sea	(N) Черное море (Chernoye more)
Sahara	(F) Сахара (Sakhara)
Himalayas	(PL) Гималаи (Gimalai)
Indian Ocean	(M) Индийский океан (Indiyskiy okean)
Red Sea	(N) Красное море (Krasnoye more)
Amazon	(F) Амазонка (Amazonka)
Andes	(PL) Анды (Andy)
continent	(M) континент (kontinent)

Earth (2)

sea	(N) море (more)
island	(M) остров (ostrov)
mountain	(F) гора (gora)
river	(F) река (reka)
forest	(M) лес (les)
desert (dry place)	(F) пустыня (pustynya)
lake	(N) озеро (ozero)
volcano	(M) вулкан (vulkan)
cave	(F) пещера (peshchera)
pole	(M) полюс (polyus)
ocean	(M) океан (okean)
peninsula	(M) полуостров (poluostrov)
atmosphere	(F) атмосфера (atmosfera)
earth's crust	(F) земная кора (zemnaya kora)
earth's core	(N) земное ядро (zemnoye yadro)

mountain range	(M) горный хребет (gornyy khrebet)
crater	(M) кратер (krater)
earthquake	(N) землетрясение (zemletryaseniye)
tidal wave	(F) приливная волна (prilivnaya volna)
glacier	(M) ледник (lednik)
valley	(F) долина (dolina)
slope	(M) склон (sklon)
shore	(M) берег (bereg)
waterfall	(M) водопад (vodopad)
rock (stone)	(M) утес (utes)
hill	(M) холм (kholm)
canyon	(M) каньон (kan'on)
marsh	(PL) болота (bolota)
rainforest	(M) тропический лес (tropicheskiy les)
stream	(M) ручей (ruchey)
geyser	(M) гейзер (geyzer)
coast	(N) побережье (poberezh'ye)
cliff	(M) утес (utes)
coral reef	(M) коралловый риф (korallovyy rif)
aurora	(N) северное сияние (severnoye siyaniye)

Weather

rain	(M) дождь (dozhd')
snow	(M) снег (sneg)
ice	(M) лед (led)
wind	(M) ветер (veter)
storm	(F) буря (burya)
cloud	(N) облако (oblako)
thunderstorm	(F) гроза (groza)
lightning	(F) молния (molniya)

thunder	(M) гром (grom)
sunshine	(M) солнечный свет (solnechnyy svet)
hurricane	(M) ураган (uragan)
typhoon	(M) тайфун (tayfun)
temperature	(F) температура (temperatura)
humidity	(F) влажность (vlazhnost')
air pressure	(N) давление воздуха (davleniye vozdukha)
rainbow	(F) радуга (raduga)
fog	(M) туман (tuman)
flood	(N) наводнение (navodneniye)
monsoon	(M) муссон (musson)
tornado	(N) торнадо (tornado)
centigrade	Цельсия (Tsel'siya)
Fahrenheit	Фаренгейт (Farengeyt)
-2 °C	минус два градуса по Цельсию (minus dva gradusa po Tsel'siyu)
0 °C	ноль градусов по Цельсию (nol' gradusov po Tsel'siyu)
12 °C	двенадцать градусов по Цельсию (dvenadtsat' gradusov po Tsel'siyu)
-4 °F	минус четыре градуса по Фаренгейту (minus chetyre gradusa po Farengeytu)
0 °F	ноль градусов по Фаренгейту (nol' gradusov po Farengeytu)
30 °F	тридцать градусов по Фаренгейту (tridtsat' gradusov po Farengeytu)

Trees

tree	(N) дерево (derevo)
trunk	(M) ствол (stvol)
root	(M) корень (koren')
leaf	(M) лист (list)
branch	(F) ветвь (vetv')
bamboo (plant)	(M) бамбук (bambuk)

oak	(M) дуб (dub)
eucalyptus	(M) эвкалипт (evkalipt)
pine	(F) сосна (sosna)
birch	(F) береза (bereza)
larch	(F) лиственница (listvennitsa)
beech	(M) бук (buk)
palm tree	(F) пальма (pal'ma)
maple	(M) клён (klon)
willow	(F) ива (iva)

Plants

flower	(M) цветок (tsvetok)
grass	(F) трава (trava)
cactus	(M) кактус (kaktus)
stalk	(M) стебель (stebel')
blossom	(N) цветение (tsveteniye)
seed	(N) семя (semya)
petal	(M) лепесток (lepestok)
nectar	(M) нектар (nektar)
sunflower	(M) подсолнух (podsolnukh)
tulip	(M) тюльпан (tyul'pan)
rose	(F) роза (roza)
daffodil	(M) нарцисс (nartsiss)
dandelion	(M) одуванчик (oduvanchik)
buttercup	(M) лютик (lyutik)
reed	(M) тростник (trostnik)
fern	(M) папоротник (paporotnik)
weed	(M) сорняк (sornyak)
bush	(M) куст (kust)
acacia	(F) акация (akatsiya)

daisy	(F) маргаритка (margaritka)
iris	(M) ирис (iris)
gladiolus	(M) гладиолус (gladiolus)
clover	(M) клевер (klever)
seaweed	(F) водоросль (vodorosl')

Chemistry

gas	(M) газ (gaz)
fluid	(F) жидкость (zhidkost')
solid	(N) твердое тело (tverdoye telo)
atom	(M) атом (atom)
metal	(M) металл (metall)
plastic	(M) пластик (plastik)
atomic number	(M) атомный номер (atomnyy nomer)
electron	(M) электрон (elektron)
neutron	(M) нейтрон (neytron)
proton	(M) протон (proton)
non-metal	(M) неметалл (nemetall)
metalloid	(M) металлоид (metalloid)
isotope	(M) изотоп (izotop)
molecule	(F) молекула (molekula)
ion	(M) ион (ion)
chemical reaction	(F) химическая реакция (khimicheskaya reaktsiya)
chemical compound	(N) химическое соединение (khimicheskoye soyedineniye)
chemical structure	(F) химическая структура (khimicheskaya struktura)
periodic table	(F) периодическая таблица (periodicheskaya tablitsa)
carbon dioxide	(M) углекислый газ (uglekislyy gaz)
carbon monoxide	(M) монооксид углерода (monooksid ugleroda)

methane	(M) метан (metan)

Periodic Table (1)

hydrogen	(M) водород (vodorod)
helium	(M) гелий (geliy)
lithium	(M) литий (litiy)
beryllium	(M) бериллий (berilliy)
boron	(M) бор (bor)
carbon	(M) углерод (uglerod)
nitrogen	(M) азот (azot)
oxygen	(M) кислород (kislorod)
fluorine	(M) фтор (ftor)
neon	(M) неон (neon)
sodium	(M) натрий (natriy)
magnesium	(M) магний (magniy)
aluminium	(M) алюминий (alyuminiy)
silicon	(M) кремний (kremniy)
phosphorus	(M) фосфор (fosfor)
sulphur	(F) сера (sera)
chlorine	(M) хлор (khlor)
argon	(M) аргон (argon)
potassium	(M) калий (kaliy)
calcium	(M) кальций (kal'tsiy)
scandium	(M) скандий (skandiy)
titanium	(M) титан (titan)
vanadium	(M) ванадий (vanadiy)
chromium	(M) хром (khrom)
manganese	(M) марганец (marganets)
iron	(N) железо (zhelezo)
cobalt	(M) кобальт (kobal't)

nickel	(M) никель (nikel')
copper	(F) медь (med')
zinc	(M) цинк (tsink)
gallium	(M) галлий (galliy)
germanium	(M) германий (germaniy)
arsenic	(M) мышьяк (mysh'yak)
selenium	(M) селен (selen)
bromine	(M) бром (brom)
krypton	(M) криптон (kripton)
rubidium	(M) рубидий (rubidiy)
strontium	(M) стронций (strontsiy)
yttrium	(M) иттрий (ittriy)
zirconium	(M) цирконий (tsirkoniy)

Periodic Table (2)

niobium	(M) ниобий (niobiy)
molybdenum	(M) молибден (molibden)
technetium	(M) технеций (tekhnetsiy)
ruthenium	(M) рутений (ruteniy)
rhodium	(M) родий (rodiy)
palladium	(M) палладий (palladiy)
silver	(N) серебро (serebro)
cadmium	(M) кадмий (kadmiy)
indium	(M) индий (indiy)
tin	(N) олово (olovo)
antimony	(F) сурьма (sur'ma)
tellurium	(M) теллур (tellur)
iodine	(M) йод (yod)
xenon	(M) ксенон (ksenon)
caesium	(M) цезий (tseziy)

barium	(M) барий (bariy)
lanthanum	(M) лантан (lantan)
cerium	(M) церий (tseriy)
praseodymium	(M) празеодим (prazeodim)
neodymium	(M) неодим (neodim)
promethium	(M) прометий (prometiy)
samarium	(M) самарий (samariy)
europium	(M) европий (yevropiy)
gadolinium	(M) гадолиний (gadoliniy)
terbium	(M) тербий (terbiy)
dysprosium	(M) диспрозий (disproziy)
holmium	(M) гольмий (gol'miy)
erbium	(M) эрбий (erbiy)
thulium	(M) тулий (tuliy)
ytterbium	(M) иттербий (itterbiy)
lutetium	(M) лютеций (lyutetsiy)
hafnium	(M) гафний (gafniy)
tantalum	(M) тантал (tantal)
tungsten	(M) вольфрам (vol'fram)
rhenium	(M) рений (reniy)
osmium	(M) осмий (osmiy)
iridium	(M) иридий (iridiy)
platinum	(F) платина (platina)
gold	(N) золото (zoloto)
mercury	(F) ртуть (rtut')

Periodic Table (3)

thallium	(M) таллий (talliy)
lead	(M) свинец (svinets)
bismuth	(M) висмут (vismut)

polonium	(M) полоний (poloniy)
astatine	(M) астатин (astatin)
radon	(M) радон (radon)
francium	(M) франций (frantsiy)
radium	(M) радий (radiy)
actinium	(M) актиний (aktiniy)
thorium	(M) торий (toriy)
protactinium	(M) протактиний (protaktiniy)
uranium	(M) уран (uran)
neptunium	(M) нептуний (neptuniy)
plutonium	(M) плутоний (plutoniy)
americium	(M) америций (ameritsiy)
curium	(M) кюрий (kyuriy)
berkelium	(M) беркелий (berkeliy)
californium	(M) калифорний (kaliforniy)
einsteinium	(M) эйнштейний (eynshteyniy)
fermium	(M) фермий (fermiy)
mendelevium	(M) менделевий (mendeleviy)
nobelium	(M) нобелий (nobeliy)
lawrencium	(M) лоуренсий (lourensiy)
rutherfordium	(M) резерфордий (rezerfordiy)
dubnium	(M) дубний (dubniy)
seaborgium	(M) сиборгий (siborgiy)
bohrium	(M) борий (boriy)
hassium	(M) хассий (khassiy)
meitnerium	(M) мейтнерий (meytneriy)
darmstadtium	(M) дармштадтий (darmshtadtiy)
roentgenium	(M) рентгений (rentgeniy)
copernicium	(M) коперниций (kopernitsiy)
ununtrium	(M) унунтрий (ununtriy)

flerovium	(M) флеровий (fleroviy)
ununpentium	(M) унунпентий (ununpentiy)
livermorium	(M) ливерморий (livermoriy)
ununseptium	(M) унунсептий (ununseptiy)
ununoctium	(M) унуноктий (ununoktiy)

Clothes

Shoes

flip-flops	(PL) шлепки (shlepki)
high heels	(PL) туфли на высоких каблуках (tufli na vysokikh kablukakh)
trainers	(PL) кроссовки (krossovki)
wellington boots	(PL) резиновые сапоги (rezinovyye sapogi)
sandals	(PL) сандалии (sandalii)
leather shoes	(F) кожаная обувь (kozhanaya obuv')
heel	(M) каблук (kabluk)
sole	(F) подошва (podoshva)
lace	(M) шнурок (shnurok)
slippers	(PL) домашние тапочки (domashniye tapochki)
bathroom slippers	(PL) тапочки для ванной (tapochki dlya vannoy)
football boots	(PL) бутсы (butsy)
skates	(PL) коньки (kon'ki)
hiking boots	(PL) треккинговые ботинки (trekkingovyye botinki)
ballet shoes	(F) балетная обувь (baletnaya obuv')
dancing shoes	(F) танцевальная обувь (tantseval'naya obuv')

Clothes

T-shirt	(F) футболка (futbolka)
shorts	(PL) шорты (shorty)
trousers	(PL) брюки (bryuki)
jeans	(PL) джинсы (dzhinsy)
sweater	(M) свитер (sviter)
shirt	(F) рубашка (rubashka)
suit	(M) костюм (kostyum)
dress	(N) платье (plat'ye)
skirt	(F) юбка (yubka)

coat	(N) пальто (pal'to)
anorak	(M) анорак (anorak)
jacket	(F) куртка (kurtka)
leggings	(PL) лосины (losiny)
sweatpants	(PL) спортивные штаны (sportivnyye shtany)
tracksuit	(M) спортивный костюм (sportivnyy kostyum)
polo shirt	(F) рубашка поло (rubashka polo)
jersey	(N) джерси (dzhersi)
diaper	(M) подгузник (podguznik)
wedding dress	(N) свадебное платье (svadebnoye plat'ye)
bathrobe	(M) банный халат (bannyy khalat)
cardigan	(M) кардиган (kardigan)
blazer	(M) блейзер (bleyzer)
raincoat	(M) плащ (plashch)
evening dress	(N) вечернее платье (vecherneye plat'ye)
ski suit	(M) лыжный костюм (lyzhnyy kostyum)
space suit	(M) скафандр (skafandr)

Underwear

bra	(M) бюстгальтер (byustgal'ter)
thong	(PL) стринги (stringi)
panties	(PL) трусики (trusiki)
underpants	(PL) трусы (trusy)
undershirt	(F) майка (mayka)
sock	(M) носок (nosok)
pantyhose	(PL) колготки (kolgotki)
stocking	(M) чулок (chulok)
thermal underwear	(N) термобелье (termobel'ye)
pyjamas	(F) пижама (pizhama)

jogging bra	(M) спортивный бюстгальтер (sportivnyy byustgal'ter)
negligee	(M) пеньюар (pen'yuar)
little black dress	(N) маленькое черное платье (malen'koye chernoye plat'ye)
nightie	(F) ночная рубашка (nochnaya rubashka)
lingerie	(N) дамское белье (damskoye bel'ye)

Accessory

glasses	(PL) очки (ochki)
sunglasses	(PL) солнечные очки (solnechnyye ochki)
umbrella	(M) зонтик (zontik)
ring	(N) кольцо (kol'tso)
earring	(F) серьга (ser'ga)
wallet	(M) бумажник (bumazhnik)
watch	(PL) часы (chasy)
belt	(M) ремень (remen')
handbag	(F) сумка (sumka)
glove	(F) перчатка (perchatka)
scarf	(M) шарф (sharf)
hat	(F) шляпа (shlyapa)
necklace	(N) ожерелье (ozherel'ye)
purse	(M) кошелек (koshelek)
knit cap	(F) вязаная шапка (vyazanaya shapka)
tie	(M) галстук (galstuk)
bow tie	(M) галстук-бабочка (galstuk-babochka)
baseball cap	(F) бейсболка (beysbolka)
brooch	(F) брошь (brosh')
bracelet	(M) браслет (braslet)
pearl necklace	(N) жемчужное ожерелье (zhemchuzhnoye ozherel'ye)
briefcase	(M) портфель (portfel')

contact lens	(PL) контактные линзы (kontaktnyye linzy)
sun hat	(F) широкополая шляпа (shirokopolaya shlyapa)
sleeping mask	(F) маска для сна (maska dlya sna)
earplug	(PL) беруши (berushi)
tattoo	(N) тату (tatu)
bib	(M) слюнявчик (slyunyavchik)
shower cap	(F) шапочка для душа (shapochka dlya dusha)
medal	(F) медаль (medal')
crown	(F) корона (korona)

Sport

helmet	(M) шлем (shlem)
boxing glove	(F) боксерская перчатка (bokserskaya perchatka)
fin	(M) ласт (last)
swim trunks	(PL) плавки (plavki)
bikini	(N) бикини (bikini)
swimsuit	(M) купальник (kupal'nik)
shinpad	(PL) щитки (shchitki)
sweatband	(M) напульсник (napul'snik)
swim goggles	(PL) очки для плавания (ochki dlya plavaniya)
swim cap	(F) шапочка для плавания (shapochka dlya plavaniya)
wetsuit	(M) гидрокостюм (gidrokostyum)
diving mask	(F) маска для ныряния (maska dlya nyryaniya)

Hairstyle

curly	(M) кудрявый (kudryavyy)
straight (hair)	(PL) прямые волосы (pryamyye volosy)
bald head	(F) лысая голова (lysaya golova)
blond	(PL) светлые волосы (svetlyye volosy)

brunette	(PL) тёмные волосы (temnyye volosy)
ginger	(PL) рыжие волосы (ryzhiye volosy)
scrunchy	(F) резинка для волос (rezinka dlya volos)
barrette	(F) заколка (zakolka)
dreadlocks	(PL) дреды (dredy)
hair straightener	(M) выпрямитель для волос (vypryamitel' dlya volos)
dandruff	(F) перхоть (perkhot')
dyed	(PL) крашеные волосы (krashenyye volosy)
wig	(M) парик (parik)
ponytail	(M) конский хвост (konskiy khvost)

Others

button	(F) пуговица (pugovitsa)
zipper	(F) молния (molniya)
pocket	(M) карман (karman)
sleeve	(M) рукав (rukav)
collar	(M) воротник (vorotnik)
tape measure	(F) сантиметровая лента (santimetrovaya lenta)
mannequin	(M) манекен (maneken)
cotton	(M) хлопок (khlopok)
fabric	(F) ткань (tkan')
silk	(M) шелк (shelk)
nylon	(M) нейлон (neylon)
polyester	(M) полиэстер (poliester)
wool	(F) шерсть (sherst')
dress size	(M) размер одежды (razmer odezhdy)
changing room	(F) раздевалка (razdevalka)

Chemist

Women

perfume	(PL) духи (dukhi)
tampon	(M) тампон (tampon)
panty liner	(F) ежедневная прокладка (yezhednevnaya prokladka)
face mask	(F) маска для лица (maska dlya litsa)
sanitary towel	(F) гигиеническая прокладка (gigiyenicheskaya prokladka)
curling iron	(PL) щипцы для завивки (shchiptsy dlya zavivki)
antiwrinkle cream	(M) крем против морщин (krem protiv morshchin)
pedicure	(M) педикюр (pedikyur)
manicure	(M) маникюр (manikyur)

Men

razor	(F) бритва (britva)
shaving foam	(F) пена для бритья (pena dlya brit'ya)
shaver	(F) электрическая бритва (elektricheskaya britva)
condom	(M) презерватив (prezervativ)
shower gel	(M) гель для душа (gel' dlya dusha)
nail clipper	(PL) щипчики для ногтей (shchipchiki dlya nogtey)
aftershave	(M) лосьон после бритья (los'on posle brit'ya)
lubricant	(F) смазка (smazka)
hair gel	(M) гель для волос (gel' dlya volos)
nail scissors	(PL) маникюрные ножницы (manikyurnyye nozhnitsy)
lip balm	(M) бальзам для губ (bal'zam dlya gub)
razor blade	(N) лезвие бритвы (lezviye britvy)

Daily Use

toothbrush	(F) зубная щетка (zubnaya shchetka)
toothpaste	(F) зубная паста (zubnaya pasta)
comb	(F) расческа (rascheska)
tissue	(F) бумажная салфетка (bumazhnaya salfetka)
cream (pharmaceutical)	(M) крем (krem)
shampoo	(M) шампунь (shampun')
brush (for cleaning)	(F) щетка (shchetka)
body lotion	(M) лосьон для тела (los'on dlya tela)
face cream	(M) крем для лица (krem dlya litsa)
sunscreen	(M) солнцезащитный крем (solntsezashchitnyy krem)
insect repellent	(N) средство от насекомых (sredstvo ot nasekomykh)

Cosmetics

lipstick	(F) губная помада (gubnaya pomada)
mascara	(F) тушь для ресниц (tush' dlya resnits)
nail polish	(M) лак для ногтей (lak dlya nogtey)
foundation	(M) тональный крем (tonal'nyy krem)
nail file	(F) пилочка для ногтей (pilochka dlya nogtey)
eye shadow	(PL) тени для век (teni dlya vek)
eyeliner	(F) подводка для глаз (podvodka dlya glaz)
eyebrow pencil	(M) карандаш для бровей (karandash dlya brovey)
facial toner	(M) тоник для лица (tonik dlya litsa)
nail varnish remover	(F) жидкость для снятия лака (zhidkost' dlya snyatiya laka)
tweezers	(M) пинцет (pintset)
lip gloss	(M) блеск для губ (blesk dlya gub)
concealer	(M) тональный крем (tonal'nyy krem)
face powder	(F) пудра для лица (pudra dlya litsa)
powder puff	(F) пуховка (pukhovka)

City

Shopping

bill	(M) счет (schet)
cash register	(F) касса (kassa)
basket	(F) корзина (korzina)
market	(M) рынок (rynok)
supermarket	(M) супермаркет (supermarket)
pharmacy	(F) аптека (apteka)
furniture store	(M) мебельный магазин (mebel'nyy magazin)
toy shop	(M) магазин игрушек (magazin igrushek)
shopping mall	(M) торговый центр (torgovyy tsentr)
sports shop	(M) спортивный магазин (sportivnyy magazin)
fish market	(M) рыбный рынок (rybnyy rynok)
fruit merchant	(M) торговец фруктами (torgovets fruktami)
bookshop	(M) книжный магазин (knizhnyy magazin)
pet shop	(M) зоомагазин (zoomagazin)
second-hand shop	(M) магазин секонд-хенд (magazin sekond-khend)
pedestrian area	(F) пешеходная зона (peshekhodnaya zona)
square	(F) площадь (ploshchad')
shopping cart	(F) тележка для покупок (telezhka dlya pokupok)
bar code	(M) штрих-код (shtrikh-kod)
bargain	(F) выгодная покупка (vygodnaya pokupka)
shopping basket	(F) корзина (korzina)
warranty	(F) гарантия (garantiya)
bar code scanner	(M) сканер штрих-кода (skaner shtrikh-koda)

Buildings

house	(M) дом (dom)
apartment	(F) квартира (kvartira)

skyscraper	(M) небоскреб (neboskreb)
hospital	(F) больница (bol'nitsa)
farm	(F) ферма (ferma)
factory	(M) завод (zavod)
kindergarten	(M) детский сад (detskiy sad)
school	(F) школа (shkola)
university	(M) университет (universitet)
post office	(F) почта (pochta)
town hall	(F) ратуша (ratusha)
warehouse	(M) склад (sklad)
church	(F) церковь (tserkov')
mosque	(F) мечеть (mechet')
temple	(M) храм (khram)
synagogue	(F) синагога (sinagoga)
embassy	(N) посольство (posol'stvo)
cathedral	(M) кафедральный собор (kafedral'nyy sobor)
ruin	(PL) руины (ruiny)
castle	(M) замок (zamok)

Leisure

bar	(M) бар (bar)
restaurant	(M) ресторан (restoran)
gym	(M) тренажерный зал (trenazhernyy zal)
park	(M) парк (park)
bench	(F) скамейка (skameyka)
fountain	(M) фонтан (fontan)
tennis court	(M) теннисный корт (tennisnyy kort)
swimming pool (building)	(M) бассейн (basseyn)
football stadium	(M) футбольный стадион (futbol'nyy stadion)
golf course	(N) поле для гольфа (pole dlya gol'fa)

ski resort	(M) лыжный курорт (lyzhnyy kurort)
botanic garden	(M) ботанический сад (botanicheskiy sad)
ice rink	(M) каток (katok)
night club	(M) ночной клуб (nochnoy klub)

Tourism

museum	(M) музей (muzey)
casino	(N) казино (kazino)
tourist information	(F) информация для туристов (informatsiya dlya turistov)
toilet (public)	(M) туалет (tualet)
map	(F) карта (karta)
souvenir	(M) сувенир (suvenir)
promenade	(F) прогулка (progulka)
tourist attraction	(F) туристическая достопримечательность (turisticheskaya dostoprimechatel'nost')
tourist guide	(M) справочник туриста (spravochnik turista)
monument	(M) памятник (pamyatnik)
national park	(M) национальный парк (natsional'nyy park)
art gallery	(F) галерея искусств (galereya iskusstv)

Infrastructure

alley	(F) аллея (alleya)
manhole cover	(F) крышка люка (kryshka lyuka)
dam	(F) плотина (plotina)
power line	(F) линия электропередачи (liniya elektroperedachi)
sewage plant	(PL) очистные сооружения (ochistnyye sooruzheniya)
avenue	(M) проспект (prospekt)
hydroelectric power station	(F) гидроэлектростанция (gidroelektrostantsiya)
nuclear power plant	(F) атомная электростанция (atomnaya elektrostantsiya)

wind farm	(F) ветряная электростанция (vetryanaya elektrostantsiya)

Construction

hammer	(M) молоток (molotok)
nail	(M) гвоздь (gvozd')
pincers	(PL) клещи (kleshchi)
screwdriver	(F) отвертка (otvertka)
drilling machine	(F) дрель (drel')
tape measure	(F) рулетка (ruletka)
brick	(M) кирпич (kirpich)
putty	(M) шпатель (shpatel')
scaffolding	(PL) строительные леса (stroitel'nyye lesa)
spirit level	(M) спиртовой уровень (spirtovoy uroven')
utility knife	(M) универсальный нож (universal'nyy nozh)
screw wrench	(M) разводной гаечный ключ (razvodnoy gayechnyy klyuch)
file	(M) напильник (napil'nik)
smoothing plane	(M) фуганок (fuganok)
safety glasses	(PL) защитные очки (zashchitnyye ochki)
wire	(M) провод (provod)
handsaw	(F) ручная пила (ruchnaya pila)
insulating tape	(F) изолента (izolenta)
cement	(M) цемент (tsement)
inking roller	(M) красильный валик (krasil'nyy valik)
paint	(F) краска (kraska)
pallet	(M) поддон (poddon)
cement mixer	(F) бетономешалка (betonomeshalka)
steel beam	(F) стальная балка (stal'naya balka)
roof tile	(F) черепица (cherepitsa)
wooden beam	(F) деревянная балка (derevyannaya balka)

concrete	(M) бетон (beton)
asphalt	(M) асфальт (asfal't)
tar	(M) деготь (degot')
crane	(M) кран (kran)
steel	(F) сталь (stal')
varnish	(M) лак (lak)

Kids

slide	(F) горка (gorka)
swing	(PL) качели (kacheli)
playground	(F) детская площадка (detskaya ploshchadka)
zoo	(M) зоопарк (zoopark)
roller coaster	(PL) американские горки (amerikanskiye gorki)
water slide	(F) водная горка (vodnaya gorka)
sandbox	(F) песочница (pesochnitsa)
fairground	(F) ярмарочная площадь (yarmarochnaya ploshchad')
theme park	(M) тематический парк (tematicheskiy park)
water park	(M) аквапарк (akvapark)
aquarium	(M) аквариум (akvarium)
carousel	(F) карусель (karusel')

Ambulance

ambulance	(F) скорая помощь (skoraya pomoshch')
police	(F) полиция (politsiya)
firefighters	(PL) пожарные (pozharnyye)
helmet	(M) шлем (shlem)
fire extinguisher	(M) огнетушитель (ognetushitel')
fire (emergency)	(M) пожар (pozhar)
emergency exit (in building)	(M) запасный выход (zapasnyy vykhod)
handcuff	(PL) наручники (naruchniki)

gun	(M) пистолет (pistolet)
police station	(M) полицейский участок (politseyskiy uchastok)
hydrant	(M) гидрант (gidrant)
fire alarm	(F) пожарная тревога (pozharnaya trevoga)
fire station	(F) пожарная станция (pozharnaya stantsiya)
fire truck	(F) пожарная машина (pozharnaya mashina)
siren	(F) сирена (sirena)
warning light	(F) лампа аварийной сигнализации (lampa avariynoy signalizatsii)
police car	(F) полицейская машина (politseyskaya mashina)
uniform	(F) униформа (uniforma)
baton	(F) дубинка (dubinka)

More

village	(F) деревня (derevnya)
suburb	(M) пригород (prigorod)
state	(N) государство (gosudarstvo)
colony	(F) колония (koloniya)
region	(F) область (oblast')
district	(M) район (rayon)
territory	(F) территория (territoriya)
province	(F) провинция (provintsiya)
country	(F) страна (strana)
capital	(F) столица (stolitsa)
metropolis	(M) мегаполис (megapolis)
central business district (CBD)	(M) центральный деловой район (tsentral'nyy delovoy rayon)
industrial district	(M) промышленный район (promyshlennyy rayon)

Health

Hospital

patient	(M) пациент (patsiyent)
visitor	(M) посетитель (posetitel')
surgery	(F) хирургия (khirurgiya)
waiting room	(M) зал ожидания (zal ozhidaniya)
outpatient	(M) амбулаторный больной (ambulatornyy bol'noy)
clinic	(F) клиника (klinika)
visiting hours	(M) график посещения (grafik poseshcheniya)
intensive care unit	(N) отделение интенсивной терапии (otdeleniye intensivnoy terapii)
emergency room	(N) отделение скорой помощи (otdeleniye skoroy pomoshchi)
appointment	(M) прием (priyem)
operating theatre	(F) операционная (operatsionnaya)
canteen	(F) столовая (stolovaya)

Medicine

pill	(F) пилюля (pilyulya)
capsule	(F) капсула (kapsula)
infusion	(N) внутривенное вливание (vnutrivennoye vlivaniye)
inhaler	(M) ингалятор (ingalyator)
nasal spray	(M) назальный спрей (nazal'nyy sprey)
painkiller	(N) болеутоляющее средство (boleutolyayushcheye sredstvo)
Chinese medicine	(F) китайская медицина (kitayskaya meditsina)
antibiotics	(PL) антибиотики (antibiotiki)
antiseptic	(M) антисептик (antiseptik)
vitamin	(M) витамин (vitamin)
powder	(M) порошок (poroshok)

insulin	(M) инсулин (insulin)
side effect	(M) побочный эффект (pobochnyy effekt)
cough syrup	(M) сироп от кашля (sirop ot kashlya)
dosage	(F) дозировка (dozirovka)
expiry date	(M) срок годности (srok godnosti)
sleeping pill	(N) снотворное (snotvornoye)
aspirin	(M) аспирин (aspirin)

Disease

virus	(M) вирус (virus)
bacterium	(F) бактерия (bakteriya)
flu	(M) грипп (gripp)
diarrhea	(M) понос (ponos)
heart attack	(M) инфаркт (infarkt)
asthma	(F) астма (astma)
rash	(F) сыпь (syp')
chickenpox	(F) ветрянка (vetryanka)
nausea	(F) тошнота (toshnota)
cancer	(M) рак (rak)
stroke	(M) инсульт (insul't)
diabetes	(M) диабет (diabet)
epilepsy	(F) эпилепсия (epilepsiya)
measles	(F) корь (kor')
mumps	(F) свинка (svinka)
migraine	(F) мигрень (migren')

Discomfort

cough	(M) кашель (kashel')
fever	(F) лихорадка (likhoradka)
headache	(F) головная боль (golovnaya bol')

stomach ache	(F) боль в животе (bol' v zhivote)
sunburn	(M) солнечный ожог (solnechnyy ozhog)
cold (sickness)	(F) простуда (prostuda)
nosebleed	(N) носовое кровотечение (nosovoye krovotecheniye)
cramp	(F) судорога (sudoroga)
eczema	(F) экзема (ekzema)
high blood pressure	(N) высокое кровяное давление (vysokoye krovyanoye davleniye)
infection	(N) инфекционное заболевание (infektsionnoye zabolevaniye)
allergy	(F) аллергия (allergiya)
hay fever	(F) сенная лихорадка (sennaya likhoradka)
sore throat	(F) боль в горле (bol' v gorle)
poisoning	(N) отравление (otravleniye)
toothache	(F) зубная боль (zubnaya bol')
caries	(M) кариес (kariyes)
hemorrhoid	(M) геморрой (gemorroy)

Tools

needle	(F) игла (igla)
syringe (tool)	(M) шприц (shprits)
bandage	(F) повязка (povyazka)
plaster	(M) пластырь (plastyr')
cast	(F) гипсовая повязка (gipsovaya povyazka)
crutch	(M) костыль (kostyl')
wheelchair	(F) инвалидная коляска (invalidnaya kolyaska)
fever thermometer	(M) медицинский градусник (meditsinskiy gradusnik)
dental brace	(PL) брекеты (brekety)
neck brace	(M) шейный корсет (sheynyy korset)
stethoscope	(M) стетоскоп (stetoskop)

CT scanner	(M) компьютерный томограф (komp'yuternyy tomograf)
catheter	(M) катетер (kateter)
scalpel	(M) скальпель (skal'pel')
respiratory machine	(M) аппарат ИВЛ (apparat IVL)
blood test	(M) анализ крови (analiz krovi)
ultrasound machine	(M) ультразвуковой аппарат (ul'trazvukovoy apparat)
X-ray photograph	(M) рентгеновский снимок (rentgenovskiy snimok)
dental prostheses	(PL) зубные протезы (zubnyye protezy)
dental filling	(F) зубная пломба (zubnaya plomba)
spray	(M) спрей (sprey)
magnetic resonance imaging	(F) магнитно-резонансная томография (magnitno-rezonansnaya tomografiya)

Accident

injury	(F) травма (travma)
accident	(F) авария (avariya)
wound	(F) рана (rana)
pulse	(M) пульс (pul's)
fracture	(M) перелом (perelom)
bruise	(M) синяк (sinyak)
burn	(M) ожог (ozhog)
bite	(M) укус (ukus)
electric shock	(M) электрический шок (elektricheskiy shok)
suture	(M) хирургический шов (khirurgicheskiy shov)
concussion	(N) сотрясение (sotryaseniye)
head injury	(F) травма головы (travma golovy)
emergency	(M) экстренный случай (ekstrennyy sluchay)

Departments

cardiology	(F) кардиология (kardiologiya)

orthopaedics	(F) ортопедия (ortopediya)
gynaecology	(F) гинекология (ginekologiya)
radiology	(F) радиология (radiologiya)
dermatology	(F) дерматология (dermatologiya)
paediatrics	(F) педиатрия (pediatriya)
psychiatry	(F) психиатрия (psikhiatriya)
surgery	(F) хирургия (khirurgiya)
urology	(F) урология (urologiya)
neurology	(F) неврология (nevrologiya)
endocrinology	(F) эндокринология (endokrinologiya)
pathology	(F) патология (patologiya)
oncology	(F) онкология (onkologiya)

Therapy

massage	(M) массаж (massazh)
meditation	(F) медитация (meditatsiya)
acupuncture	(N) иглоукалывание (igloukalyvaniye)
physiotherapy	(F) физиотерапия (fizioterapiya)
hypnosis	(M) гипноз (gipnoz)
homoeopathy	(F) гомеопатия (gomeopatiya)
aromatherapy	(F) ароматерапия (aromaterapiya)
group therapy	(F) групповая психотерапия (gruppovaya psikhoterapiya)
psychotherapy	(F) психотерапия (psikhoterapiya)
feng shui	(M) фэн шуй (fen shuy)
hydrotherapy	(F) гидротерапия (gidroterapiya)
behaviour therapy	(F) поведенческая терапия (povedencheskaya terapiya)
psychoanalysis	(M) психоанализ (psikhoanaliz)
family therapy	(F) семейная терапия (semeynaya terapiya)

Pregnancy

birth control pill	(F) противозачаточная таблетка (protivozachatochnaya tabletka)
pregnancy test	(M) тест на беременность (test na beremennost')
foetus	(M) плод (plod)
embryo	(M) эмбрион (embrion)
womb	(F) матка (matka)
delivery	(PL) роды (rody)
miscarriage	(M) выкидыш (vykidysh)
cesarean	(N) кесарево сечение (kesarevo secheniye)
episiotomy	(F) эпизиотомия (epiziotomiya)

Business

Company

office	(M) офис	(ofis)
meeting room	(F) комната для переговоров	(komnata dlya peregovorov)
business card	(F) визитная карточка	(vizitnaya kartochka)
employee	(M) наемный рабочий	(nayemnyy rabochiy)
employer	(M) работодатель	(rabotodatel')
colleague	(M) коллега	(kollega)
staff	(M) персонал	(personal)
salary	(F) зарплата	(zarplata)
insurance	(N) страхование	(strakhovaniye)
department	(M) отдел	(otdel)
sales	(PL) продажи	(prodazhi)
marketing	(M) маркетинг	(marketing)
accounting	(M) учет	(uchet)
legal department	(M) юридический отдел	(yuridicheskiy otdel)
human resources	(M) отдел кадров	(otdel kadrov)
IT	(N) ИТ	(IT)
stress	(M) стресс	(stress)
business dinner	(M) деловой ужин	(delovoy uzhin)
business trip	(F) командировка	(komandirovka)
tax	(M) налог	(nalog)

Office

letter (post)	(N) письмо	(pis'mo)
envelope	(M) конверт	(konvert)
stamp	(F) почтовая марка	(pochtovaya marka)
address	(M) адрес	(adres)
zip code	(M) почтовый индекс	(pochtovyy indeks)

parcel	(F) посылка (posylka)
fax	(M) факс (faks)
text message	(N) текстовое сообщение (tekstovoye soobshcheniye)
voice message	(N) голосовое сообщение (golosovoye soobshcheniye)
bulletin board	(F) доска объявлений (doska ob'yavleniy)
flip chart	(M) флипчарт (flipchart)
projector	(M) проектор (proyektor)
rubber stamp	(M) штамп (shtamp)
clipboard	(F) планшетка (planshetka)
folder (physical)	(F) папка (papka)
lecturer	(M) докладчик (dokladchik)
presentation	(F) презентация (prezentatsiya)
note (information)	(F) заметка (zametka)

Jobs (1)

doctor	(M) врач (vrach)
policeman	(M) полицейский (politseyskiy)
firefighter	(M) пожарный (pozharnyy)
nurse	(F) медсестра (medsestra)
pilot	(M) пилот (pilot)
stewardess	(F) стюардесса (styuardessa)
architect	(M) архитектор (arkhitektor)
manager	(M) менеджер (menedzher)
secretary	(M) секретарь (sekretar')
general manager	(M) генеральный директор (general'nyy direktor)
director	(M) директор (direktor)
chairman	(M) председатель (predsedatel')
judge	(M) судья (sud'ya)
assistant	(M) помощник (pomoshchnik)

prosecutor	(M) прокурор (prokuror)
lawyer	(M) адвокат (advokat)
consultant	(M) консультант (konsul'tant)
accountant	(M) бухгалтер (bukhgalter)
stockbroker	(M) биржевой брокер (birzhevoy broker)
librarian	(M) библиотекарь (bibliotekar')
teacher	(M) учитель (uchitel')
kindergarten teacher	(M) воспитатель детского сада (vospitatel' detskogo sada)
scientist	(M) ученый (uchenyy)
professor	(M) профессор (professor)
physicist	(M) физик (fizik)
programmer	(M) программист (programmist)
politician	(M) политик (politik)
intern	(M) стажер (stazher)
captain	(M) капитан (kapitan)
entrepreneur	(M) предприниматель (predprinimatel')
chemist	(M) химик (khimik)
dentist	(M) дантист (dantist)
chiropractor	(M) костоправ (kostoprav)
detective	(M) детектив (detektiv)
pharmacist	(M) фармацевт (farmatsevt)
vet	(M) ветеринарный врач (veterinarnyy vrach)
midwife	(F) акушерка (akusherka)
surgeon	(M) хирург (khirurg)
physician	(M) терапевт (terapevt)
prime minister	(M) премьер-министр (prem'yer-ministr)
minister	(M) министр (ministr)
president (of a state)	(M) президент (prezident)

Jobs (2)

cook	(M) повар (povar)
waiter	(M) официант (ofitsiant)
barkeeper	(M) бармен (barmen)
farmer	(M) фермер (fermer)
lorry driver	(M) водитель грузовика (voditel' gruzovika)
train driver	(M) машинист (mashinist)
hairdresser	(M) парикмахер (parikmakher)
butcher	(M) мясник (myasnik)
travel agent	(M) тур-агент (tur-agent)
real-estate agent	(M) агент по недвижимости (agent po nedvizhimosti)
jeweller	(M) ювелир (yuvelir)
tailor	(M) портной (portnoy)
cashier	(M) кассир (kassir)
postman	(M) почтальон (pochtal'on)
receptionist	(M) секретарь в приемной (sekretar' v priyemnoy)
construction worker	(M) строитель (stroitel')
carpenter	(M) столяр (stolyar)
electrician	(M) электрик (elektrik)
plumber	(M) водопроводчик (vodoprovodchik)
mechanic	(M) механик (mekhanik)
cleaner	(M) уборщик (uborshchik)
gardener	(M) садовник (sadovnik)
fisherman	(M) рыбак (rybak)
florist	(M) флорист (florist)
shop assistant	(M) продавец (prodavets)
optician	(M) оптик (optik)
soldier	(M) солдат (soldat)
security guard	(M) охранник (okhrannik)

bus driver	(M) водитель автобуса (voditel' avtobusa)
taxi driver	(M) водитель такси (voditel' taksi)
conductor	(M) проводник (provodnik)
apprentice	(M) подмастерье (podmaster'ye)
landlord	(M) арендодатель (arendodatel')
bodyguard	(M) телохранитель (telokhranitel')

Jobs (3)

priest	(M) священник (svyashchennik)
nun	(F) монахиня (monakhinya)
monk	(M) монах (monakh)
photographer	(M) фотограф (fotograf)
coach (sport)	(M) тренер (trener)
cheerleader	(F) чирлидерша (chirlidersha)
referee	(M) арбитр (arbitr)
reporter	(M) репортер (reporter)
actor	(M) актер (akter)
musician	(M) музыкант (muzykant)
conductor	(M) дирижёр (dirizhor)
singer	(M) певец (pevets)
artist	(M) художник (khudozhnik)
designer	(M) дизайнер (dizayner)
model	(F) модель (model')
DJ	(M) диджей (didzhey)
tour guide	(M) экскурсовод (ekskursovod)
lifeguard	(M) спасатель (spasatel')
physiotherapist	(M) физиотерапевт (fizioterapevt)
masseur	(M) массажист (massazhist)
anchor	(M) ведущий новостей (vedushchiy novostey)
host	(M) ведущий шоу (vedushchiy shou)

commentator	(M) комментатор (kommentator)
camera operator	(M) оператор (operator)
engineer	(M) инженер (inzhener)
thief	(M) вор (vor)
criminal	(M) преступник (prestupnik)
dancer	(M) танцор (tantsor)
journalist	(M) журналист (zhurnalist)
prostitute	(F) проститутка (prostitutka)
author	(M) автор (avtor)
air traffic controller	(M) авиадиспетчер (aviadispetcher)
director	(M) режиссёр (rezhissor)
mufti	(M) муфтий (muftiy)
rabbi	(M) раввин (ravvin)

Technology

e-mail	(F) электронная почта (elektronnaya pochta)
telephone	(M) телефон (telefon)
smartphone	(M) смартфон (smartfon)
e-mail address	(M) адрес электронной почты (adres elektronnoy pochty)
website	(M) веб-сайт (veb-sayt)
telephone number	(M) номер телефона (nomer telefona)
file	(M) файл (fayl)
folder (computer)	(F) папка (papka)
app	(N) приложение (prilozheniye)
laptop	(M) ноутбук (noutbuk)
screen (computer)	(M) экран (ekran)
printer	(M) принтер (printer)
scanner	(M) сканер (skaner)
USB stick	(F) флешка (fleshka)

hard drive	(M) жесткий диск (zhestkiy disk)
central processing unit (CPU)	(M) центральный процессор (ЦП) (tsentral'nyy protsessor (TSP))
random access memory (RAM)	(F) оперативная память (ОЗУ) (operativnaya pamyat' (OZU))
keyboard (computer)	(F) клавиатура (klaviatura)
mouse (computer)	(F) мышь (mysh')
earphone	(M) наушник (naushnik)
mobile phone	(M) мобильный телефон (mobil'nyy telefon)
webcam	(F) веб-камера (veb-kamera)
server	(M) сервер (server)
network	(F) сеть (set')
browser	(M) браузер (brauzer)
inbox	(PL) входящие сообщения (vkhodyashchiye soobshcheniya)
url	(M) URL (URL)
icon	(M) значок (znachok)
scrollbar	(F) полоса прокрутки (polosa prokrutki)
recycle bin	(F) корзина (korzina)
chat	(M) чат (chat)
social media	(PL) социальные сети (sotsial'nyye seti)
signal (of phone)	(M) сигнал (signal)
database	(F) база данных (baza dannykh)

Law

law	(M) закон (zakon)
fine	(M) штраф (shtraf)
prison	(F) тюрьма (tyur'ma)
court	(M) суд (sud)
jury	(PL) присяжные (prisyazhnyye)
witness	(M) свидетель (svidetel')
defendant	(M) подсудимый (podsudimyy)

case	(N) дело (delo)
evidence	(N) доказательство (dokazatel'stvo)
suspect	(M) подозреваемый (podozrevayemyy)
fingerprint	(M) отпечаток пальца (otpechatok pal'tsa)
paragraph	(M) параграф (paragraf)

Bank

money	(PL) деньги (den'gi)
coin	(F) монета (moneta)
note (money)	(F) банкнота (banknota)
credit card	(F) кредитная карточка (kreditnaya kartochka)
cash machine	(M) банкомат (bankomat)
signature	(F) подпись (podpis')
dollar	(M) доллар (dollar)
euro	(M) евро (yevro)
pound	(M) фунт (funt)
bank account	(M) банковский счёт (bankovskiy schot)
password	(M) пароль (parol')
account number	(M) номер счёта (nomer schota)
amount	(F) сумма (summa)
cheque	(M) чек (chek)
customer	(M) клиент (kliyent)
savings	(PL) сбережения (sberezheniya)
loan	(M) заем (zayem)
interest	(M) процент (protsent)
bank transfer	(M) банковский перевод (bankovskiy perevod)
yuan	(M) юань (yuan')
yen	(F) иена (iyena)
krone	(F) крона (krona)
dividend	(M) дивиденд (dividend)

share	(F) акция (aktsiya)
share price	(F) цена акции (tsena aktsii)
stock exchange	(F) фондовая биржа (fondovaya birzha)
investment	(F) инвестиция (investitsiya)
portfolio	(N) портфолио (portfolio)
profit	(F) прибыль (pribyl')
loss	(F) потеря (poterya)

Things
Sport

basketball	(M) баскетбольный мяч (basketbol'nyy myach)
football	(M) футбольный мяч (futbol'nyy myach)
goal	(M) гол (gol)
tennis racket	(F) теннисная ракетка (tennisnaya raketka)
tennis ball	(M) теннисный мяч (tennisnyy myach)
net	(F) сетка (setka)
cup (trophy)	(M) кубок (kubok)
medal	(F) медаль (medal')
swimming pool (competition)	(M) бассейн (basseyn)
football	(M) мяч для американского футбола (myach dlya amerikanskogo futbola)
bat	(F) бита (bita)
mitt	(F) рукавица игрока в бейсбол (rukavitsa igroka v beysbol)
gold medal	(F) золотая медаль (zolotaya medal')
silver medal	(F) серебряная медаль (serebryanaya medal')
bronze medal	(F) бронзовая медаль (bronzovaya medal')
shuttlecock	(M) волан (volan)
golf club	(F) клюшка для гольфа (klyushka dlya gol'fa)
golf ball	(M) мяч для гольфа (myach dlya gol'fa)
stopwatch	(M) секундомер (sekundomer)
trampoline	(M) батут (batut)
boxing ring	(M) боксерский ринг (bokserskiy ring)
mouthguard	(F) капа (kapa)
surfboard	(F) доска для серфинга (doska dlya serfinga)
ski	(F) лыжа (lyzha)
ski pole	(F) лыжная палка (lyzhnaya palka)
sledge	(PL) салазки (salazki)

parachute	(M) парашют (parashyut)
cue	(M) кий (kiy)
bowling ball	(M) шар для боулинга (shar dlya boulinga)
snooker table	(M) бильярдный стол (bil'yardnyy stol)
saddle	(N) седло (sedlo)
whip	(M) кнут (knut)
hockey stick	(F) хоккейная клюшка (khokkeynaya klyushka)
basket	(F) баскетбольная корзина (basketbol'naya korzina)
world record	(M) мировой рекорд (mirovoy rekord)
table tennis table	(M) стол для настольного тенниса (stol dlya nastol'nogo tennisa)
puck	(F) шайба (shayba)

Technology

robot	(M) робот (robot)
radio	(N) радио (radio)
loudspeaker	(M) громкоговоритель (gromkogovoritel')
cable	(M) кабель (kabel')
plug	(M) штепсель (shtepsel')
camera	(F) камера (kamera)
MP3 player	(M) MP3 плеер (MR3 pleyer)
CD player	(M) CD плеер (CD pleyer)
DVD player	(M) DVD плеер (DVD pleyer)
record player	(M) магнитофон (magnitofon)
camcorder	(F) видеокамера (videokamera)
power	(M) ток (tok)
flat screen	(M) плоский экран (ploskiy ekran)
flash	(F) вспышка (vspyshka)
tripod	(M) штатив (shtativ)
instant camera	(F) мгновенная камера (mgnovennaya kamera)

generator	(M) генератор (generator)
digital camera	(F) цифровая камера (tsifrovaya kamera)
walkie-talkie	(F) переносная рация (perenosnaya ratsiya)

Home

key	(M) ключ (klyuch)
torch	(M) фонарик (fonarik)
candle	(F) свеча (svecha)
bottle	(F) бутылка (butylka)
tin	(F) консервная банка (konservnaya banka)
vase	(F) ваза (vaza)
present (gift)	(M) подарок (podarok)
match	(F) спичка (spichka)
lighter	(F) зажигалка (zazhigalka)
key chain	(M) брелок (brelok)
water bottle	(F) фляга (flyaga)
thermos jug	(M) термос (termos)
rubber band	(F) резинка (rezinka)
birthday party	(F) вечеринка в честь дня рождения (vecherinka v chest' dnya rozhdeniya)
birthday cake	(M) торт на день рождения (tort na den' rozhdeniya)
pushchair	(F) коляска (kolyaska)
soother	(F) соска (soska)
baby bottle	(F) бутылочка (butylochka)
hot-water bottle	(F) грелка (grelka)
rattle	(F) погремушка (pogremushka)
family picture	(F) семейная фотография (semeynaya fotografiya)
jar	(F) стеклянная банка (steklyannaya banka)
bag	(M) пакет (paket)
package	(F) упаковка (upakovka)

plastic bag	(M) полиэтиленовый пакет (polietilenovyy paket)
picture frame	(F) фоторамка (fotoramka)

Games

doll	(F) кукла (kukla)
dollhouse	(M) кукольный дом (kukol'nyy dom)
puzzle	(F) головоломка (golovolomka)
dominoes	(N) домино (domino)
Monopoly	(F) монополия (monopoliya)
Tetris	(M) тетрис (tetris)
bridge	(M) бридж (bridzh)
darts	(M) дартс (darts)
card game	(F) карточная игра (kartochnaya igra)
board game	(F) настольная игра (nastol'naya igra)
backgammon	(PL) нарды (nardy)
draughts	(PL) шашки (shashki)

Others

cigarette	(F) сигарета (sigareta)
cigar	(F) сигара (sigara)
compass	(M) компас (kompas)
angel	(M) ангел (angel)

Phrases

Personal

I	я (ya)
you (singular)	ты (ty)
he	он (on)
she	она (ona)
we	мы (my)
you (plural)	вы (vy)
they	они (oni)
my dog	моя собака (moya sobaka)
your cat	твоя кошка (tvoya koshka)
her dress	ее платье (yeye plat'ye)
his car	его машина (yego mashina)
our home	наш дом (nash dom)
your team	ваша команда (vasha komanda)
their company	их компания (ikh kompaniya)
everybody	все (vse)
together	вместе (vmeste)
other	другой (drugoy)

Common

and	и (i)
or	или (ili)
very	очень (ochen')
all	все (vse)
none	никто (nikto)
that	что (chto)
this	это (eto)
not	не (ne)

more	больше (bol'she)
most	наиболее (naiboleye)
less	меньше (men'she)
because	потому что (potomu chto)
but	но (no)
already	уже (uzhe)
again	снова (snova)
really	на самом деле (na samom dele)
if	если (yesli)
although	хотя (khotya)
suddenly	вдруг (vdrug)
then	тогда (togda)
actually	на самом деле (na samom dele)
immediately	немедленно (nemedlenno)
often	часто (chasto)
always	всегда (vsegda)
every	каждый (kazhdyy)

Phrases

hi	привет (privet)
hello	здравствуйте (zdravstvuyte)
good day	добрый день (dobryy den')
bye bye	пока-пока (poka-poka)
good bye	до свидания (do svidaniya)
see you later	увидимся позже (uvidimsya pozzhe)
please	пожалуйста (pozhaluysta)
thank you	спасибо (spasibo)
sorry	извините (izvinite)
no worries	не беспокойся (ne bespokoysya)
don't worry	не переживай (ne perezhivay)

take care	береги себя (beregi sebya)
ok	окей (okey)
cheers	твое здоровье (tvoye zdorov'ye)
welcome	добро пожаловать (dobro pozhalovat')
excuse me	простите (prostite)
of course	конечно (konechno)
I agree	согласен (soglasen)
relax	расслабься (rasslab'sya)
doesn't matter	не имеет значения (ne imeyet znacheniya)
I want this	я хочу это (ya khochu eto)
Come with me	пойдем со мной (poydem so mnoy)
go straight	езжай прямо (yezzhay pryamo)
turn left	поверни налево (poverni nalevo)
turn right	поверни направо (poverni napravo)

Questions

who	кто (kto)
where	где (gde)
what	что (chto)
why	зачем (zachem)
how	как (kak)
which	какой (kakoy)
when	когда (kogda)
how many?	сколько? (skol'ko?)
how much?	сколько? (skol'ko?)
How much is this?	Сколько это стоит? (Skol'ko eto stoit?)
Do you have a phone?	У тебя есть телефон? (U tebya yest' telefon?)
Where is the toilet?	Где здесь туалет? (Gde zdes' tualet?)
What's your name?	Как тебя зовут? (Kak tebya zovut?)
Do you love me?	Ты любишь меня? (Ty lyubish' menya?)

How are you?	Как дела? (Kak dela?)
Are you ok?	Ты в порядке? (Ty v poryadke?)
Can you help me?	Вы можете мне помочь? (Vy mozhete mne pomoch'?)

Sentences

I like you	Ты мне нравишься (Ty mne nravish'sya)
I love you	Я люблю тебя (YA lyublyu tebya)
I miss you	Я скучаю по тебе (YA skuchayu po tebe)
I don't like this	Мне это не нравится (Mne eto ne nravitsya)
I have a dog	У меня есть собака (U menya yest' sobaka)
I know	Я знаю (YA znayu)
I don't know	Я не знаю (YA ne znayu)
I don't understand	Не понимаю (Ne ponimayu)
I want more	Я хочу еще (YA khochu yeshche)
I want a cold coke	Я хочу холодную колу (YA khochu kholodnuyu kolu)
I need this	Мне нужно это (Mne nuzhno eto)
I want to go to the cinema	Я хочу пойти в кинотеатр (YA khochu poyti v kinoteatr)
I am looking forward to seeing you	Я с нетерпением жду встречи с тобой (YA s neterpeniyem zhdu vstrechi s toboy)
Usually I don't eat fish	Обычно, я не ем рыбу (Obychno, ya ne yem rybu)
You definitely have to come	Тебе точно стоит прийти (Tebe tochno stoit priyti)
This is quite expensive	Это довольно дорого (Eto dovol'no dorogo)
Sorry, I'm a little late	Простите, я немного опоздал (Prostite, ya nemnogo opozdal)
My name is David	Меня зовут Дэвид (Menya zovut Devid)
I'm David, nice to meet you	Я Дэвид, приятно познакомиться (YA Devid, priyatno poznakomit'sya)
I'm 22 years old	Мне 22 года (Mne 22 goda)
This is my girlfriend Anna	Это моя девушка Анна (Eto moya devushka Anna)

Let's watch a film	Давайте смотреть фильм (Davayte smotret' fil'm)
Let's go home	Пошли домой (Poshli domoy)
My telephone number is one four three two eight seven five four three	Мой телефонный номер один четыре три два восемь семь пять четыре три (Moy telefonnyy nomer odin chetyre tri dva vosem' sem' pyat' chetyre tri)
My email address is david at pinhok dot com	Мой адрес электронной почты дэвид собака пинхок точка ком (Moy adres elektronnoy pochty devid sobaka pinkhok tochka kom)
Tomorrow is Saturday	Завтра суббота (Zavtra subbota)
Silver is cheaper than gold	Серебро дешевле золота (Serebro deshevle zolota)
Gold is more expensive than silver	Золото дороже серебра (Zoloto dorozhe serebra)

English - Russian

A

above: выше (vyshe)
acacia: (F) акация (akatsiya)
accident: (F) авария (avariya)
accordion: (M) аккордеон (akkordeon)
accountant: (M) бухгалтер (bukhgalter)
accounting: (M) учет (uchet)
account number: (M) номер счёта (nomer schota)
Achilles tendon: (N) ахиллово сухожилие (akhillovo sukhozhiliye)
actinium: (M) актиний (aktiniy)
actor: (M) актер (akter)
actually: на самом деле (na samom dele)
acupuncture: (N) иглоукалывание (igloukalyvaniye)
addition: (N) сложение (slozheniye)
address: (M) адрес (adres)
adhesive tape: (M) скотч (skotch)
advertisement: (F) реклама (reklama)
aerobics: (F) аэробика (aerobika)
Afghanistan: (M) Афганистан (Afganistan)
afternoon: (F) вторая половина дня (vtoraya polovina dnya)
aftershave: (M) лосьон после бритья (los'on posle brit'ya)
again: снова (snova)
airbag: (F) подушка безопасности (podushka bezopasnosti)
air conditioner: (M) кондиционер (konditsioner)
aircraft carrier: (M) авианосец (avianosets)
airline: (F) авиакомпания (aviakompaniya)
air mattress: (M) надувной матрас (naduvnoy matras)
airport: (M) аэропорт (aeroport)
air pressure: (N) давление воздуха (davleniye vozdukha)
air pump: (M) воздушный насос (vozdushnyy nasos)
air traffic controller: (M) авиадиспетчер (aviadispetcher)
aisle: (N) место в проходе (mesto v prokhode)
alarm clock: (M) будильник (budil'nik)
Albania: (F) Албания (Albaniya)
Algeria: (M) Алжир (Alzhir)
all: все (vse)
allergy: (F) аллергия (allergiya)
alley: (F) аллея (alleya)
almond: (M) миндаль (mindal')
alphabet: (M) алфавит (alfavit)
already: уже (uzhe)
although: хотя (khotya)
aluminium: (M) алюминий (alyuminiy)
always: всегда (vsegda)
Amazon: (F) Амазонка (Amazonka)
ambulance: (F) скорая помощь (skoraya pomoshch')
American football: (M) американский футбол (amerikanskiy futbol)
American Samoa: (N) Американское Самоа (Amerikanskoye Samoa)
americium: (M) америций (ameritsiy)
amount: (F) сумма (summa)
ampere: (M) ампер (amper)
anchor: (M) якорь (yakor'), (M) ведущий новостей (vedushchiy novostey)
and: и (i)

Andes: (PL) Анды (Andy)
Andorra: (F) Андорра (Andorra)
angel: (M) ангел (angel)
angle: (M) угол (ugol)
Angola: (F) Ангола (Angola)
angry: сердитый (serdityy)
ankle: (F) лодыжка (lodyzhka)
anorak: (M) анорак (anorak)
answer: отвечать (otvechat')
ant: (M) муравей (muravey)
ant-eater: (M) муравьед (murav'yed)
antibiotics: (PL) антибиотики (antibiotiki)
antifreeze fluid: (F) незамерзающая жидкость (nezamerzayushchaya zhidkost')
Antigua and Barbuda: (N) Антигуа и Барбуда (Antigua i Barbuda)
antimony: (F) сурьма (sur'ma)
antiseptic: (M) антисептик (antiseptik)
antiwrinkle cream: (M) крем против морщин (krem protiv morshchin)
anus: (M) анус (anus)
apartment: (F) квартира (kvartira)
apostrophe: (M) апостроф (apostrof)
app: (N) приложение (prilozheniye)
appendix: (F) слепая кишка (slepaya kishka)
apple: (N) яблоко (yabloko)
apple juice: (M) яблочный сок (yablochnyy sok)
apple pie: (M) яблочный пирог (yablochnyy pirog)
appointment: (M) прием (priyem)
apprentice: (M) подмастерье (podmaster'ye)
apricot: (M) абрикос (abrikos)
April: (M) апрель (aprel')
aquarium: (M) аквариум (akvarium)
Arabic: (M) арабский язык (arabskiy yazyk)
archery: (F) стрельба из лука (strel'ba iz luka)
architect: (M) архитектор (arkhitektor)
area: (F) площадь (ploshchad')
Are you ok?: Ты в порядке? (Ty v poryadke?)
Argentina: (F) Аргентина (Argentina)
argon: (M) аргон (argon)
argue: спорить (sporit')
arithmetic: (F) арифметика (arifmetika)
arm: (F) рука (ruka)
Armenia: (F) Армения (Armeniya)
aromatherapy: (F) ароматерапия (aromaterapiya)
arrival: (N) прибытие (pribytiye)
arsenic: (M) мышьяк (mysh'yak)
art: (N) изобразительное искусство (izobrazitel'noye iskusstvo)
artery: (F) артерия (arteriya)
art gallery: (F) галерея искусств (galereya iskusstv)
artichoke: (M) артишок (artishok)
article: (F) статья (stat'ya)
artist: (M) художник (khudozhnik)
Aruba: (F) Аруба (Aruba)
ash: (M) пепел (pepel)
ask: спрашивать (sprashivat')
asphalt: (M) асфальт (asfal't)
aspirin: (M) аспирин (aspirin)
assistant: (M) помощник (pomoshchnik)
astatine: (M) астатин (astatin)

asteroid: (M) астероид (asteroid)
asthma: (F) астма (astma)
Atlantic Ocean: (M) Атлантический океан (Atlanticheskiy okean)
atmosphere: (F) атмосфера (atmosfera)
atom: (M) атом (atom)
atomic number: (M) атомный номер (atomnyy nomer)
attack: атаковать (atakovat')
attic: (M) чердак (cherdak)
aubergine: (M) баклажан (baklazhan)
audience: (M) зритель (zritel')
August: (M) август (avgust)
aunt: (F) тетя (tetya)
aurora: (N) северное сияние (severnoye siyaniye)
Australia: (F) Австралия (Avstraliya)
Australian football: (M) австралийский футбол (avstraliyskiy futbol)
Austria: (F) Австрия (Avstriya)
author: (M) автор (avtor)
automatic: (F) автоматическая коробка передач (avtomaticheskaya korobka peredach)
autumn: (F) осень (osen')
avenue: (M) проспект (prospekt)
avocado: (N) авокадо (avokado)
axe: (M) топор (topor)
Azerbaijan: (M) Азербайджан (Azerbaydzhan)

B

baby: (M) малыш (malysh)
baby bottle: (F) бутылочка (butylochka)
baby monitor: (F) радионяня (radionyanya)
bachelor: (M) бакалавр (bakalavr)
back: (F) спина (spina), задний (zadniy)
backgammon: (PL) нарды (nardy)
backpack: (M) рюкзак (ryukzak)
back seat: (N) заднее сидение (zadneye sideniye)
bacon: (M) бекон (bekon)
bacterium: (F) бактерия (bakteriya)
bad: плохой (plokhoy)
badminton: (M) бадминтон (badminton)
bag: (M) пакет (paket)
Bahrain: (M) Бахрейн (Bakhreyn)
bake: печь (pech')
baked beans: (F) тушеная фасоль (tushenaya fasol')
baking powder: (M) разрыхлитель (razrykhlitel')
balcony: (M) балкон (balkon)
bald head: (F) лысая голова (lysaya golova)
ballet: (M) балет (balet)
ballet shoes: (F) балетная обувь (baletnaya obuv')
ball pen: (F) шариковая ручка (sharikovaya ruchka)
Ballroom dance: (M) бальный танец (bal'nyy tanets)
bamboo: (M) бамбук (bambuk)
banana: (M) банан (banan)
bandage: (F) повязка (povyazka)
Bangladesh: (M) Бангладеш (Bangladesh)
bank account: (M) банковский счёт (bankovskiy schot)
bank transfer: (M) банковский перевод (bankovskiy perevod)
bar: (M) бар (bar)

Barbados: (M) Барбадос (Barbados)
barbecue: (N) барбекю (barbekyu)
barbell: (F) штанга (shtanga)
bar code: (M) штрих-код (shtrikh-kod)
bar code scanner: (M) сканер штрих-кода (skaner shtrikh-koda)
bargain: (F) выгодная покупка (vygodnaya pokupka)
barium: (M) барий (bariy)
barkeeper: (M) бармен (barmen)
barrette: (F) заколка (zakolka)
baseball: (M) бейсбол (beysbol)
baseball cap: (F) бейсболка (beysbolka)
basement: (M) подвал (podval)
basil: (M) базилик (bazilik)
basin: (F) раковина (rakovina)
basket: (F) корзина (korzina), (F) баскетбольная корзина (basketbol'naya korzina)
basketball: (M) баскетбол (basketbol), (M) баскетбольный мяч (basketbol'nyy myach)
bass guitar: (F) бас-гитара (bas-gitara)
bassoon: (M) фагот (fagot)
bat: (F) летучая мышь (letuchaya mysh'), (F) бита (bita)
bathrobe: (M) банный халат (bannyy khalat)
bathroom: (F) ванная (vannaya)
bathroom slippers: (PL) тапочки для ванной (tapochki dlya vannoy)
bath towel: (N) банное полотенце (bannoye polotentse)
bathtub: (F) ванна (vanna)
baton: (F) дубинка (dubinka)
battery: (M) аккумулятор (akkumulyator)
beach: (M) пляж (plyazh)
beach volleyball: (M) пляжный волейбол (plyazhnyy voleybol)
bean: (F) фасоль (fasol')
bear: (M) медведь (medved')
beard: (F) борода (boroda)
beautiful: красивый (krasivyy)
because: потому что (potomu chto)
bed: (F) кровать (krovat')
bedroom: (F) спальня (spal'nya)
bedside lamp: (M) ночник (nochnik)
bee: (F) пчела (pchela)
beech: (M) бук (buk)
beef: (F) говядина (govyadina)
beer: (N) пиво (pivo)
behaviour therapy: (F) поведенческая терапия (povedencheskaya terapiya)
beige: бежевый (bezhevyy)
Beijing duck: (F) утка по-пекински (utka po-pekinski)
Belarus: (F) Беларусь (Belarus')
Belgium: (F) Бельгия (Bel'giya)
Belize: (M) Белиз (Beliz)
bell: (M) дверной звонок (dvernoy zvonok)
belly: (M) живот (zhivot)
belly button: (M) пупок (pupok)
below: ниже (nizhe)
belt: (M) ремень (remen')
bench: (F) скамейка (skameyka)
bench press: (M) жим лежа (zhim lezha)
Benin: (M) Бенин (Benin)
berkelium: (M) беркелий (berkeliy)
beryllium: (M) бериллий (berilliy)
beside: рядом (ryadom)

bet: держать пари (derzhat' pari)
Bhutan: (M) Бутан (Butan)
biathlon: (M) биатлон (biatlon)
bib: (M) слюнявчик (slyunyavchik)
bicycle: (M) велосипед (velosiped)
big: большой (bol'shoy)
big brother: (M) старший брат (starshiy brat)
big sister: (F) старшая сестра (starshaya sestra)
bikini: (N) бикини (bikini)
bill: (M) счет (schet)
billiards: (M) бильярд (bil'yard)
biology: (F) биология (biologiya)
birch: (F) береза (bereza)
birth: (N) рождение (rozhdeniye)
birth certificate: (N) свидетельство о рождении (svidetel'stvo o rozhdenii)
birth control pill: (F) противозачаточная таблетка (protivozachatochnaya tabletka)
birthday: (M) день рождения (den' rozhdeniya)
birthday cake: (M) торт на день рождения (tort na den' rozhdeniya)
birthday party: (F) вечеринка в честь дня рождения (vecherinka v chest' dnya rozhdeniya)
biscuit: (N) печенье (pechen'ye)
bismuth: (M) висмут (vismut)
bison: (M) бизон (bizon)
bite: кусать (kusat'), (M) укус (ukus)
black: черный (chernyy)
blackberry: (F) ежевика (yezhevika)
blackboard: (F) классная доска (klassnaya doska)
black hole: (F) черная дыра (chernaya dyra)
Black Sea: (N) Черное море (Chernoye more)
black tea: (M) черный чай (chernyy chay)
bladder: (M) мочевой пузырь (mochevoy puzyr')
blanket: (N) одеяло (odeyalo)
blazer: (M) блейзер (bleyzer)
blind: слепой (slepoy), (PL) жалюзи (zhalyuzi)
blond: (PL) светлые волосы (svetlyye volosy)
blood test: (M) анализ крови (analiz krovi)
bloody: кровавый (krovavyy)
blossom: (N) цветение (tsveteniye)
blue: синий (siniy)
blueberry: (F) черника (chernika)
blues: (M) блюз (blyuz)
board game: (F) настольная игра (nastol'naya igra)
bobsleigh: (M) бобслей (bobsley)
bodybuilding: (M) бодибилдинг (bodibilding)
bodyguard: (M) телохранитель (telokhranitel')
body lotion: (M) лосьон для тела (los'on dlya tela)
bohrium: (M) борий (boriy)
boil: кипятить (kipyatit')
boiled: вареный (varenyy)
boiled egg: (N) вареное яйцо (varenoye yaytso)
Bolivia: (F) Боливия (Boliviya)
bone: (F) кость (kost')
bone marrow: (M) костный мозг (kostnyy mozg)
bonnet: (M) капот (kapot)
book: (F) книга (kniga)
booking: (N) бронирование (bronirovaniye)
bookshelf: (F) книжная полка (knizhnaya polka)
bookshop: (M) книжный магазин (knizhnyy magazin)

boring: скучный (skuchnyy)
boron: (M) бор (bor)
Bosnia: (F) Босния (Bosniya)
bosom: (F) грудь (grud')
botanic garden: (M) ботанический сад (botanicheskiy sad)
Botswana: (F) Ботсвана (Botsvana)
bottle: (F) бутылка (butylka)
bottom: (PL) ягодицы (yagoditsy)
bowl: (F) миска (miska)
bowling: (M) боулинг (bouling)
bowling ball: (M) шар для боулинга (shar dlya boulinga)
bow tie: (M) галстук-бабочка (galstuk-babochka)
boxing: (M) бокс (boks)
boxing glove: (F) боксерская перчатка (bokserskaya perchatka)
boxing ring: (M) боксерский ринг (bokserskiy ring)
boy: (M) мальчик (mal'chik)
boyfriend: (M) парень (paren')
bra: (M) бюстгальтер (byustgal'ter)
bracelet: (M) браслет (braslet)
brain: (M) головной мозг (golovnoy mozg)
brake: (M) тормоз (tormoz)
brake light: (M) стоп-сигнал (stop-signal)
branch: (F) ветвь (vetv')
brandy: (N) бренди (brendi)
brave: храбрый (khrabryy)
Brazil: (F) Бразилия (Braziliya)
bread: (M) хлеб (khleb)
breakdance: (M) брейк-данс (breyk-dans)
breakfast: (M) завтрак (zavtrak)
breastbone: (F) грудина (grudina)
breathe: дышать (dyshat')
brick: (M) кирпич (kirpich)
bride: (F) невеста (nevesta)
bridge: (M) капитанский мостик (kapitanskiy mostik), (M) бридж (bridzh)
briefcase: (M) портфель (portfel')
broad: широкий (shirokiy)
broccoli: (F) брокколи (brokkoli)
bromine: (M) бром (brom)
bronze medal: (F) бронзовая медаль (bronzovaya medal')
brooch: (F) брошь (brosh')
broom: (F) метла (metla)
brother-in-law: (M) шурин (shurin)
brown: коричневый (korichnevyy)
brownie: (M) Брауни (Brauni)
browser: (M) браузер (brauzer)
bruise: (M) синяк (sinyak)
Brunei: (M) Бруней (Bruney)
brunette: (PL) темные волосы (temnyye volosy)
brush: (F) кисть (kist'), (F) щетка (shchetka)
Brussels sprouts: (F) брюссельская капуста (bryussel'skaya kapusta)
bucket: (N) ведро (vedro)
buffalo: (M) буйвол (buyvol)
buffet: (M) буфет (bufet)
bug: (M) жук (zhuk)
Bulgaria: (F) Болгария (Bolgariya)
bull: (M) бык (byk)
bulletin board: (F) доска объявлений (doska ob'yavleniy)

bumblebee: (M) шмель (shmel')
bumper: (M) бампер (bamper)
bungee jumping: (M) банджи-джампинг (bandzhi-dzhamping)
bunk bed: (F) двухъярусная кровать (dvukh'yarusnaya krovat')
burger: (M) бургер (burger)
Burkina Faso: (F) Буркина-Фасо (Burkina-Faso)
Burma: (F) Бирма (Birma)
burn: жечь (zhech'), (M) ожог (ozhog)
Burundi: (N) Бурунди (Burundi)
bus: (M) автобус (avtobus)
bus driver: (M) водитель автобуса (voditel' avtobusa)
bush: (M) куст (kust)
business card: (F) визитная карточка (vizitnaya kartochka)
business class: (M) бизнес-класс (biznes-klass)
business dinner: (M) деловой ужин (delovoy uzhin)
business school: (F) бизнес-школа (biznes-shkola)
business trip: (F) командировка (komandirovka)
bus stop: (F) автобусная остановка (avtobusnaya ostanovka)
busy: занятый (zanyatyy)
but: но (no)
butcher: (M) мясник (myasnik)
butter: (N) сливочное масло (slivochnoye maslo)
buttercup: (M) лютик (lyutik)
butterfly: (F) бабочка (babochka)
buttermilk: (N) кислое молоко (kisloye moloko)
button: (F) пуговица (pugovitsa)
buy: покупать (pokupat')
bye bye: пока-пока (poka-poka)

C

cabbage: (F) капуста (kapusta)
cabin: (F) кабина (kabina)
cable: (M) кабель (kabel')
cable car: (M) фуникулер (funikuler)
cactus: (M) кактус (kaktus)
cadmium: (M) кадмий (kadmiy)
caesium: (M) цезий (tseziy)
cake: (M) торт (tort)
calcite: (M) кальцит (kal'tsit)
calcium: (M) кальций (kal'tsiy)
calculate: вычислять (vychislyat')
calendar: (M) календарь (kalendar')
californium: (M) калифорний (kaliforniy)
call: звонить (zvonit')
Cambodia: (F) Камбоджа (Kambodzha)
camcorder: (F) видеокамера (videokamera)
camel: (M) верблюд (verblyud)
camera: (F) камера (kamera)
camera operator: (M) оператор (operator)
Cameroon: (M) Камерун (Kamerun)
campfire: (M) костер (koster)
camping: (M) кемпинг (kemping)
camping site: (N) место для кемпинга (mesto dlya kempinga)
Canada: (F) Канада (Kanada)
cancer: (M) рак (rak)

candle: (F) свеча (svecha)
candy: (F) конфета (konfeta)
candy floss: (F) сахарная вата (sakharnaya vata)
canoe: (N) каноэ (kanoe)
canoeing: (F) гребля на байдарках и каноэ (greblya na baydarkakh i kanoe)
canteen: (F) столовая (stolovaya)
canyon: (M) каньон (kan'on)
Can you help me?: Вы можете мне помочь? (Vy mozhete mne pomoch'?)
Cape Verde: (N) Кабо-Верде (Kabo-Verde)
capital: (F) столица (stolitsa)
cappuccino: (N) капучино (kapuchino)
capsule: (F) капсула (kapsula)
captain: (M) капитан (kapitan)
car: (M) автомобиль (avtomobil')
caramel: (F) карамель (karamel')
caravan: (M) дом на колёсах (dom na kolosakh)
carbon: (M) углерод (uglerod)
carbon dioxide: (M) углекислый газ (uglekislyy gaz)
carbon monoxide: (M) монооксид углерода (monooksid ugleroda)
card game: (F) карточная игра (kartochnaya igra)
cardigan: (M) кардиган (kardigan)
cardiology: (F) кардиология (kardiologiya)
cargo aircraft: (M) грузовой самолет (gruzovoy samolet)
caricature: (F) карикатура (karikatura)
caries: (M) кариес (kariyes)
carousel: (F) карусель (karusel')
car park: (F) автомобильная стоянка (avtomobil'naya stoyanka)
carpenter: (M) столяр (stolyar)
carpet: (M) ковер (kover)
car racing: (PL) автогонки (avtogonki)
carrot: (F) морковь (morkov')
carry: носить (nosit')
carry-on luggage: (F) ручная кладь (ruchnaya klad')
cartilage: (M) хрящ (khryashch)
cartoon: (M) мультфильм (mul'tfil'm)
car wash: (F) автомобильная мойка (avtomobil'naya moyka)
case: (N) дело (delo)
cashew: (M) кешью (kesh'yu)
cashier: (M) кассир (kassir)
cash machine: (M) банкомат (bankomat)
cash register: (F) касса (kassa)
casino: (N) казино (kazino)
cast: (M) состав исполнителей (sostav ispolniteley), (F) гипсовая повязка (gipsovaya povyazka)
castle: (M) замок (zamok)
cat: (F) кошка (koshka)
catch: ловить (lovit')
caterpillar: (F) гусеница (gusenitsa)
cathedral: (M) кафедральный собор (kafedral'nyy sobor)
catheter: (M) катетер (kateter)
cauliflower: (F) цветная капуста (tsvetnaya kapusta)
cave: (F) пещера (peshchera)
Cayman Islands: (PL) Каймановы острова (Kaymanovy ostrova)
CD player: (M) CD плеер (CD pleyer)
ceiling: (M) потолок (potolok)
celebrate: праздновать (prazdnovat')
celery: (M) сельдерей (sel'derey)
cello: (F) виолончель (violonchel')

cement: (M) цемент (tsement)
cement mixer: (F) бетономешалка (betonomeshalka)
cemetery: (N) кладбище (kladbishche)
centigrade: Цельсия (Tsel'siya)
centimeter: (M) сантиметр (santimetr)
Central African Republic: (F) Центральноафриканская Республика (Tsentral'noafrikanskaya Respublika)
central business district (CBD): (M) центральный деловой район (tsentral'nyy delovoy rayon)
central processing unit (CPU): (M) центральный процессор (ЦП) (tsentral'nyy protsessor (TSP))
century: (M) век (vek)
cereal: (PL) хлопья (khlop'ya)
cerium: (M) церий (tseriy)
cesarean: (N) кесарево сечение (kesarevo secheniye)
cha-cha: (N) ча-ча-ча (cha-cha-cha)
Chad: (M) Чад (Chad)
chain: (F) цепь (tsep')
chainsaw: (F) бензопила (benzopila)
chair: (M) стул (stul)
chairman: (M) председатель (predsedatel')
chalk: (M) мел (mel)
chameleon: (M) хамелеон (khameleon)
champagne: (N) шампанское (shampanskoye)
changing room: (F) раздевалка (razdevalka)
channel: (M) канал (kanal)
character: (M) символ (simvol)
chat: (M) чат (chat)
cheap: дешевый (deshevyy)
check-in desk: (F) стойка регистрации (stoyka registratsii)
cheek: (F) щека (shcheka)
cheerleader: (F) чирлидерша (chirlidersha)
cheers: твое здоровье (tvoye zdorov'ye)
cheese: (M) сыр (syr)
cheeseburger: (M) чизбургер (chizburger)
cheesecake: (M) чизкейк (chizkeyk)
cheetah: (M) гепард (gepard)
chemical compound: (N) химическое соединение (khimicheskoye soyedineniye)
chemical reaction: (F) химическая реакция (khimicheskaya reaktsiya)
chemical structure: (F) химическая структура (khimicheskaya struktura)
chemist: (M) химик (khimik)
chemistry: (F) химия (khimiya)
cheque: (M) чек (chek)
cherry: (F) вишня (vishnya)
chess: (PL) шахматы (shakhmaty)
chest: (F) грудная клетка (grudnaya kletka)
chewing gum: (F) жевательная резинка (zhevatel'naya rezinka)
chick: (M) цыпленок (tsyplenok)
chicken: (F) курица (kuritsa)
chicken nugget: (M) куриный наггетс (kurinyy naggets)
chickenpox: (F) ветрянка (vetryanka)
chicken wings: (PL) куриные крылышки (kurinyye krylyshki)
child: (M) ребенок (rebenok)
child seat: (N) детское кресло (detskoye kreslo)
Chile: (N) Чили (Chili)
chili: (M) перец чили (perets chili)
chimney: (F) дымовая труба (dymovaya truba)
chin: (M) подбородок (podborodok)
China: (M) Китай (Kitay)
Chinese medicine: (F) китайская медицина (kitayskaya meditsina)

chips: (PL) чипсы (chipsy)
chiropractor: (M) костоправ (kostoprav)
chive: (M) лук-резанец (luk-rezanets)
chlorine: (M) хлор (khlor)
chocolate: (M) шоколад (shokolad)
chocolate cream: (M) шоколадный крем (shokoladnyy krem)
choose: выбирать (vybirat')
chopping board: (F) разделочная доска (razdelochnaya doska)
chopstick: (F) палочка для еды (palochka dlya yedy)
Christmas: (N) Рождество (Rozhdestvo)
chromium: (M) хром (khrom)
chubby: круглолицый (kruglolitsyy)
church: (F) церковь (tserkov')
cider: (M) сидр (sidr)
cigar: (F) сигара (sigara)
cigarette: (F) сигарета (sigareta)
cinema: (N) кино (kino)
cinnamon: (F) корица (koritsa)
circle: (M) круг (krug)
circuit training: (F) круговая тренировка (krugovaya trenirovka)
clarinet: (M) кларнет (klarnet)
classical music: (F) классическая музыка (klassicheskaya muzyka)
classic car: (M) классический автомобиль (klassicheskiy avtomobil')
clay: (F) глина (glina)
clean: чистый (chistyy), чистить (chistit')
cleaner: (M) уборщик (uborshchik)
clef: (M) ключ (klyuch)
clever: умный (umnyy)
cliff: (M) утес (utes)
cliff diving: (M) клифф-дайвинг (kliff-dayving)
climb: карабкаться (karabkat'sya)
climbing: (N) скалолазание (skalolazaniye)
clinic: (F) клиника (klinika)
clipboard: (F) планшетка (planshetka)
clitoris: (M) клитор (klitor)
clock: (PL) часы (chasy)
close: близкий (blizkiy), закрывать (zakryvat')
cloud: (N) облако (oblako)
cloudy: облачный (oblachnyy)
clover: (M) клевер (klever)
clutch: (N) сцепление (stsepleniye)
coach: (M) тренер (trener)
coal: (M) уголь (ugol')
coast: (N) побережье (poberezh'ye)
coat: (N) пальто (pal'to)
cobalt: (M) кобальт (kobal't)
cockerel: (M) петух (petukh)
cockpit: (F) кабина (kabina)
cocktail: (M) коктейль (kokteyl')
coconut: (M) кокос (kokos)
coffee: (M) кофе (kofe)
coffee machine: (F) кофеварка (kofevarka)
coffee table: (M) кофейный столик (kofeynyy stolik)
coffin: (M) гроб (grob)
coin: (F) монета (moneta)
coke: (F) кола (kola)
cold: холодный (kholodnyy), (F) простуда (prostuda)

collar: (M) воротник (vorotnik)
collarbone: (F) ключица (klyuchitsa)
colleague: (M) коллега (kollega)
Colombia: (F) Колумбия (Kolumbiya)
colon: (F) толстая кишка (tolstaya kishka), (N) двоеточие (dvoyetochiye)
colony: (F) колония (koloniya)
coloured pencil: (M) цветной карандаш (tsvetnoy karandash)
comb: (F) расческа (rascheska)
combine harvester: (M) зерноуборочный комбайн (zernouborochnyy kombayn)
come: приходить (prikhodit')
comedy: (F) комедия (komediya)
comet: (F) комета (kometa)
Come with me: пойдем со мной (poydem so mnoy)
comic book: (M) комикс (komiks)
comma: (F) запятая (zapyataya)
commentator: (M) комментатор (kommentator)
Comoros: (PL) Коморские острова (Komorskiye ostrova)
compass: (M) компас (kompas)
concealer: (M) тональный крем (tonal'nyy krem)
concert: (M) концерт (kontsert)
concrete: (M) бетон (beton)
concrete mixer: (F) бетономешалка (betonomeshalka)
concussion: (N) сотрясение (sotryaseniye)
condom: (M) презерватив (prezervativ)
conductor: (M) проводник (provodnik), (M) дирижёр (dirizhor)
cone: (M) конус (konus)
construction site: (F) строительная площадка (stroitel'naya ploshchadka)
construction worker: (M) строитель (stroitel')
consultant: (M) консультант (konsul'tant)
contact lens: (PL) контактные линзы (kontaktnyye linzy)
container: (M) контейнер (konteyner)
container ship: (N) грузовое судно (gruzovoye sudno)
content: (N) содержание (soderzhaniye)
continent: (M) континент (kontinent)
control tower: (F) диспетчерская вышка (dispetcherskaya vyshka)
cook: готовить (gotovit'), (M) повар (povar)
cooker: (F) плита (plita)
cooker hood: (F) вытяжка (vytyazhka)
cookie: (N) печенье (pechen'ye)
Cook Islands: (PL) Острова Кука (Ostrova Kuka)
cool: крутой (krutoy)
copernicium: (M) коперниций (kopernitsiy)
copper: (F) медь (med')
copy: копировать (kopirovat')
coral reef: (M) коралловый риф (korallovyy rif)
coriander: (M) кориандр (koriandr)
corkscrew: (M) штопор (shtopor)
corn: (F) кукуруза (kukuruza)
corn oil: (N) кукурузное масло (kukuruznoye maslo)
corpse: (M) труп (trup)
correct: правильный (pravil'nyy)
corridor: (M) коридор (koridor)
Costa Rica: (F) Коста-Рика (Kosta-Rika)
cotton: (M) хлопок (khlopok)
cough: (M) кашель (kashel')
cough syrup: (M) сироп от кашля (sirop ot kashlya)
count: считать (schitat')

country: (F) страна (strana)
courgette: (M) кабачок (kabachok)
court: (M) суд (sud)
cousin: (M) двоюродный брат (dvoyurodnyy brat), (F) двоюродная сестра (dvoyurodnaya sestra)
cow: (F) корова (korova)
crab: (M) краб (krab)
cramp: (F) судорога (sudoroga)
cranberry: (F) клюква (klyukva)
crane: (M) кран (kran)
crane truck: (M) автокран (avtokran)
crater: (M) кратер (krater)
crawl: ползать (polzat')
crazy: сумасшедший (sumasshedshiy)
cream: (PL) сливки (slivki), (M) крем (krem)
credit card: (F) кредитная карточка (kreditnaya kartochka)
cricket: (M) сверчок (sverchok), (M) крикет (kriket)
criminal: (M) преступник (prestupnik)
Croatia: (F) Хорватия (Khorvatiya)
crocodile: (M) крокодил (krokodil)
croissant: (M) круассан (kruassan)
cross-country skiing: (PL) лыжные гонки (lyzhnyye gonki)
cross trainer: (M) кросс-тренажер (kross-trenazher)
crosswords: (PL) кроссворды (krossvordy)
crow: (F) ворона (vorona)
crown: (F) корона (korona)
cruise ship: (N) круизное судно (kruiznoye sudno)
crutch: (M) костыль (kostyl')
cry: плакать (plakat')
crêpe: (M) блин (blin)
CT scanner: (M) компьютерный томограф (komp'yuternyy tomograf)
Cuba: (F) Куба (Kuba)
cube: (M) куб (kub)
cubic meter: (M) кубический метр (kubicheskiy metr)
cucumber: (M) огурец (ogurets)
cuddly toy: (F) мягкая игрушка (myagkaya igrushka)
cue: (M) кий (kiy)
cup: (F) кружка (kruzhka), (F) чашка (chashka), (M) кубок (kubok)
cupboard: (M) шкаф (shkaf)
curium: (M) кюрий (kyuriy)
curling: (M) кёрлинг (korling)
curling iron: (PL) щипцы для завивки (shchiptsy dlya zavivki)
curly: (M) кудрявый (kudryavyy)
currant: (F) смородина (smorodina)
curry: (M) карри (karri)
curtain: (F) занавеска (zanaveska)
curve: (F) кривая (krivaya)
custard: (M) заварной крем (zavarnoy krem)
customer: (M) клиент (kliyent)
customs: (F) таможня (tamozhnya)
cut: вырезать (vyrezat')
cute: милый (milyy)
cutlery: (PL) столовые приборы (stolovyye pribory)
cycling: (F) езда на велосипеде (yezda na velosipede)
cylinder: (M) цилиндр (tsilindr)
cymbals: (PL) тарелки (tarelki)
Cyprus: (M) Кипр (Kipr)
Czech Republic: (F) Чехия (Chekhiya)

D

dad: (M) папа (papa)
daffodil: (M) нарцисс (nartsiss)
daisy: (F) маргаритка (margaritka)
dam: (F) плотина (plotina)
dancer: (M) танцор (tantsor)
dancing: (PL) танцы (tantsy)
dancing shoes: (F) танцевальная обувь (tantseval'naya obuv')
dandelion: (M) одуванчик (oduvanchik)
dandruff: (F) перхоть (perkhot')
dark: темный (temnyy)
darmstadtium: (M) дармштадтий (darmshtadtiy)
darts: (M) дартс (darts)
dashboard: (F) приборная панель (pribornaya panel')
database: (F) база данных (baza dannykh)
date: (M) финик (finik)
daughter: (F) дочь (doch')
daughter-in-law: (F) невестка (nevestka)
day: (M) день (den')
deaf: глухой (glukhoy)
death: (F) смерть (smert')
decade: (N) десятилетие (desyatiletiye)
December: (M) декабрь (dekabr')
decimeter: (M) дециметр (detsimetr)
deck: (F) палуба (paluba)
deck chair: (M) шезлонг (shezlong)
deep: глубокий (glubokiy)
deer: (M) олень (olen')
defend: защищать (zashchishchat')
defendant: (M) подсудимый (podsudimyy)
degree: (F) степень (stepen')
deliver: доставлять (dostavlyat')
delivery: (PL) роды (rody)
Democratic Republic of the Congo: (F) Демократическая Республика Конго (Demokraticheskaya Respublika Kongo)
Denmark: (F) Дания (Daniya)
denominator: (M) знаменатель (znamenatel')
dental brace: (PL) брекеты (brekety)
dental filling: (F) зубная пломба (zubnaya plomba)
dental prostheses: (PL) зубные протезы (zubnyye protezy)
dentist: (M) дантист (dantist)
department: (M) отдел (otdel)
departure: (N) отправление (otpravleniye)
dermatology: (F) дерматология (dermatologiya)
desert: (F) пустыня (pustynya)
designer: (M) дизайнер (dizayner)
desk: (M) письменный стол (pis'mennyy stol), (F) парта (parta)
dessert: (M) десерт (desert)
detective: (M) детектив (detektiv)
diabetes: (M) диабет (diabet)
diagonal: (F) диагональ (diagonal')
diamond: (M) алмаз (almaz)
diaper: (M) подгузник (podguznik)
diaphragm: (F) диафрагма (diafragma)
diarrhea: (M) понос (ponos)
diary: (M) дневник (dnevnik)

dictionary: (M) словарь (slovar')
die: умирать (umirat')
diesel: (M) дизель (dizel')
difficult: сложный (slozhnyy)
dig: копать (kopat')
digital camera: (F) цифровая камера (tsifrovaya kamera)
dill: (M) укроп (ukrop)
dimple: (F) ямочка (yamochka)
dim sum: (M) димсам (dimsam)
dinner: (M) ужин (uzhin)
dinosaur: (M) динозавр (dinozavr)
diploma: (M) диплом (diplom)
director: (M) директор (direktor), (M) режиссёр (rezhissor)
dirty: грязный (gryaznyy)
discus throw: (N) метание диска (metaniye diska)
dishwasher: (F) посудомоечная машина (posudomoyechnaya mashina)
district: (M) район (rayon)
dividend: (M) дивиденд (dividend)
diving: (PL) прыжки в воду (pryzhki v vodu), (M) дайвинг (dayving)
diving mask: (F) маска для ныряния (maska dlya nyryaniya)
division: (N) деление (deleniye)
divorce: (M) развод (razvod)
DJ: (M) диджей (didzhey)
Djibouti: (N) Джибути (Dzhibuti)
doctor: (M) врач (vrach)
doesn't matter: не имеет значения (ne imeyet znacheniya)
dog: (F) собака (sobaka)
doll: (F) кукла (kukla)
dollar: (M) доллар (dollar)
dollhouse: (M) кукольный дом (kukol'nyy dom)
dolphin: (M) дельфин (del'fin)
Dominica: (F) Доминика (Dominika)
Dominican Republic: (F) Доминиканская Республика (Dominikanskaya Respublika)
dominoes: (N) домино (domino)
don't worry: не переживай (ne perezhivay)
donkey: (M) осёл (osel)
door: (F) дверь (dver')
door handle: (F) дверная ручка (dvernaya ruchka)
dorm room: (N) общежитие (obshchezhitiye)
dosage: (F) дозировка (dozirovka)
double bass: (M) контрабас (kontrabas)
double room: (M) двухместный номер (dvukhmestnyy nomer)
doughnut: (M) пончик (ponchik)
Do you love me?: Ты любишь меня? (Ty lyubish' menya?)
dragonfly: (F) стрекоза (strekoza)
draughts: (PL) шашки (shashki)
drawer: (M) выдвижной ящик (vydvizhnoy yashchik)
drawing: (M) рисунок (risunok)
dreadlocks: (PL) дреды (dredy)
dream: мечтать (mechtat')
dress: (N) платье (plat'ye)
dress size: (M) размер одежды (razmer odezhdy)
dried fruit: (PL) сухофрукты (sukhofrukty)
drill: сверлить (sverlit')
drilling machine: (F) дрель (drel')
drink: пить (pit')
drums: (PL) барабаны (barabany)

drunk: пьяный (p'yanyy)
dry: сухой (sukhoy), сушить (sushit')
dubnium: (M) дубний (dubniy)
duck: (F) утка (utka)
dumbbell: (F) гантель (gantel')
dumpling: (PL) клецки (kletski)
duodenum: (F) двенадцатиперстная кишка (dvenadtsatiperstnaya kishka)
DVD player: (M) DVD плеер (DVD pleyer)
dyed: (PL) крашеные волосы (krashenyye volosy)
dysprosium: (M) диспрозий (disproziy)

E

e-mail: (F) электронная почта (elektronnaya pochta)
e-mail address: (M) адрес электронной почты (adres elektronnoy pochty)
eagle: (M) орел (orel)
ear: (N) ухо (ukho)
earn: зарабатывать (zarabatyvat')
earphone: (M) наушник (naushnik)
earplug: (PL) беруши (berushi)
earring: (F) серьга (ser'ga)
earth: (F) Земля (Zemlya)
earth's core: (N) земное ядро (zemnoye yadro)
earth's crust: (F) земная кора (zemnaya kora)
earthquake: (N) землетрясение (zemletryaseniye)
east: восток (vostok)
Easter: (F) Пасха (Paskha)
East Timor: (M) Восточный Тимор (Vostochnyy Timor)
easy: легкий (legkiy)
eat: есть (yest')
economics: (F) экономика (ekonomika)
economy class: (M) эконом-класс (ekonom-klass)
Ecuador: (M) Эквадор (Ekvador)
eczema: (F) экзема (ekzema)
egg: (N) яйцо (yaytso)
egg white: (M) яичный белок (yaichnyy belok)
Egypt: (M) Египет (Yegipet)
einsteinium: (M) эйнштейний (eynshteyniy)
elbow: (M) локоть (lokot')
electric guitar: (F) электрогитара (elektrogitara)
electrician: (M) электрик (elektrik)
electric iron: (M) утюг (utyug)
electric shock: (M) электрический шок (elektricheskiy shok)
electron: (M) электрон (elektron)
elephant: (M) слон (slon)
elevator: (M) лифт (lift)
elk: (M) лось (los')
ellipse: (M) эллипс (ellips)
El Salvador: (M) Сальвадор (Sal'vador)
embassy: (N) посольство (posol'stvo)
embryo: (M) эмбрион (embrion)
emergency: (M) экстренный случай (ekstrennyy sluchay)
emergency exit: (M) запасный выход (zapasnyy vykhod)
emergency room: (N) отделение скорой помощи (otdeleniye skoroy pomoshchi)
employee: (M) наемный рабочий (nayemnyy rabochiy)
employer: (M) работодатель (rabotodatel')

empty: пустой (pustoy)
endocrinology: (F) эндокринология (endokrinologiya)
energy drink: (M) энергетический напиток (energeticheskiy napitok)
engagement: (F) помолвка (pomolvka)
engagement ring: (N) обручальное кольцо (obruchal'noye kol'tso)
engine: (M) двигатель (dvigatel')
engineer: (M) инженер (inzhener)
engine room: (N) машинное отделение (mashinnoye otdeleniye)
English: (M) английский язык (angliyskiy yazyk)
enjoy: наслаждаться (naslazhdat'sya)
entrepreneur: (M) предприниматель (predprinimatel')
envelope: (M) конверт (konvert)
epilepsy: (F) эпилепсия (epilepsiya)
episiotomy: (F) эпизиотомия (epiziotomiya)
equation: (N) уравнение (uravneniye)
equator: (M) экватор (ekvator)
Equatorial Guinea: (F) Экваториальная Гвинея (Ekvatorial'naya Gvineya)
erbium: (M) эрбий (erbiy)
Eritrea: (F) Эритрея (Eritreya)
espresso: (M) эспрессо (espresso)
essay: (N) сочинение (sochineniye)
Estonia: (F) Эстония (Estoniya)
Ethiopia: (F) Эфиопия (Efiopiya)
eucalyptus: (M) эвкалипт (evkalipt)
euro: (M) евро (yevro)
europium: (M) европий (yevropiy)
evening: (M) вечер (vecher)
evening dress: (N) вечернее платье (vecherneye plat'ye)
every: каждый (kazhdyy)
everybody: все (vse)
evidence: (N) доказательство (dokazatel'stvo)
evil: злой (zloy)
exam: (M) экзамен (ekzamen)
excavator: (M) экскаватор (ekskavator)
exclamation mark: (M) восклицательный знак (vosklitsatel'nyy znak)
excuse me: простите (prostite)
exercise bike: (M) велотренажер (velotrenazher)
exhaust pipe: (F) выхлопная труба (vykhlopnaya truba)
expensive: дорогой (dorogoy)
expiry date: (M) срок годности (srok godnosti)
eye: (M) глаз (glaz)
eyebrow: (F) бровь (brov')
eyebrow pencil: (M) карандаш для бровей (karandash dlya brovey)
eyelashes: (PL) ресницы (resnitsy)
eyeliner: (F) подводка для глаз (podvodka dlya glaz)
eye shadow: (PL) тени для век (teni dlya vek)

F

fabric: (F) ткань (tkan')
face cream: (M) крем для лица (krem dlya litsa)
face mask: (F) маска для лица (maska dlya litsa)
face powder: (F) пудра для лица (pudra dlya litsa)
facial toner: (M) тоник для лица (tonik dlya litsa)
factory: (M) завод (zavod)
Fahrenheit: Фаренгейт (Farengeyt)

fail: потерпеть неудачу (poterpet' neudachu)
faint: падать в обморок (padat' v obmorok)
fair: справедливый (spravedlivyy)
fairground: (F) ярмарочная площадь (yarmarochnaya ploshchad')
falcon: (M) сокол (sokol)
Falkland Islands: (PL) Фолклендские острова (Folklendskiye ostrova)
fall: падать (padat')
family picture: (F) семейная фотография (semeynaya fotografiya)
family therapy: (F) семейная терапия (semeynaya terapiya)
fan: (M) вентилятор (ventilyator)
far: далекий (dalekiy)
fare: (F) плата за проезд (plata za proyezd)
farm: (F) ферма (ferma)
farmer: (M) фермер (fermer)
Faroe Islands: (PL) Фарерские острова (Farerskiye ostrova)
father: (M) отец (otets)
father-in-law: (M) тесть, свекр (test', svekr)
fat meat: (N) жирное мясо (zhirnoye myaso)
fax: (M) факс (faks)
February: (M) февраль (fevral')
feed: кормить (kormit')
fence: (M) забор (zabor)
fencing: (N) фехтование (fekhtovaniye)
feng shui: (M) фэн шуй (fen shuy)
fennel: (M) фенхель (fenkhel')
fermium: (M) фермий (fermiy)
fern: (M) папоротник (paporotnik)
ferry: (M) паром (parom)
feta: (F) фета (feta)
fever: (F) лихорадка (likhoradka)
fever thermometer: (M) медицинский градусник (meditsinskiy gradusnik)
few: немногие (nemnogiye)
fiancé: (M) жених (zhenikh)
fiancée: (F) невеста (nevesta)
field hockey: (M) хоккей на траве (khokkey na trave)
fifth floor: (M) пятый этаж (pyatyy etazh)
fig: (M) инжир (inzhir)
fight: бороться (borot'sya)
figure skating: (N) фигурное катание (figurnoye kataniye)
Fiji: (PL) Фиджи (Fidzhi)
file: (M) напильник (napil'nik), (M) файл (fayl)
filter: (M) фильтр (fil'tr)
fin: (M) ласт (last)
find: находить (nakhodit')
fine: (M) штраф (shtraf)
finger: (M) палец (palets)
fingernail: (M) ноготь (nogot')
fingerprint: (M) отпечаток пальца (otpechatok pal'tsa)
Finland: (F) Финляндия (Finlyandiya)
fire: (M) огонь (ogon'), (M) пожар (pozhar)
fire alarm: (F) пожарная тревога (pozharnaya trevoga)
fire extinguisher: (M) огнетушитель (ognetushitel')
firefighter: (M) пожарный (pozharnyy)
firefighters: (PL) пожарные (pozharnyye)
fire station: (F) пожарная станция (pozharnaya stantsiya)
fire truck: (F) пожарная машина (pozharnaya mashina)
first: (M) первый (pervyy)

first basement floor: (M) первый подвальный этаж (pervyy podval'nyy etazh)
first class: (M) первый класс (pervyy klass)
first floor: (M) первый этаж (pervyy etazh)
fish: (F) рыба (ryba), рыбачить (rybachit')
fish and chips: (PL) рыба и чипсы (ryba i chipsy)
fishbone: (F) рыбная кость (rybnaya kost')
fisherman: (M) рыбак (rybak)
fishing boat: (F) рыбацкая лодка (rybatskaya lodka)
fish market: (M) рыбный рынок (rybnyy rynok)
fist: (M) кулак (kulak)
fix: ремонтировать (remontirovat')
flamingo: (M) фламинго (flamingo)
flash: (F) вспышка (vspyshka)
flat: плоский (ploskiy)
flat screen: (M) плоский экран (ploskiy ekran)
flerovium: (M) флеровий (fleroviy)
flip-flops: (PL) шлепки (shlepki)
flip chart: (M) флипчарт (flipchart)
flood: (N) наводнение (navodneniye)
floor: (M) пол (pol)
florist: (M) флорист (florist)
flour: (F) мука (muka)
flower: (M) цветок (tsvetok)
flower bed: (F) клумба (klumba)
flower pot: (M) цветочный горшок (tsvetochnyy gorshok)
flu: (M) грипп (gripp)
fluid: (F) жидкость (zhidkost')
fluorine: (M) фтор (ftor)
flute: (F) флейта (fleyta)
fly: (F) муха (mukha), летать (letat')
flyer: (F) листовка (listovka)
foetus: (M) плод (plod)
fog: (M) туман (tuman)
foggy: туманный (tumannyy)
folder: (F) папка (papka)
folk music: (F) народная музыка (narodnaya muzyka)
follow: следовать (sledovat')
foot: (F) стопа (stopa), (M) фут (fut)
football: (M) футбол (futbol), (M) футбольный мяч (futbol'nyy myach), (M) мяч для американского футбола (myach dlya amerikanskogo futbola)
football boots: (PL) бутсы (butsy)
football stadium: (M) футбольный стадион (futbol'nyy stadion)
force: (F) сила (sila)
forehead: (M) лоб (lob)
forest: (M) лес (les)
fork: (F) вилка (vilka)
forklift truck: (M) грузоподъемник (gruzopod'yemnik)
Formula 1: (F) Формула 1 (Formula 1)
foundation: (M) тональный крем (tonal'nyy krem)
fountain: (M) фонтан (fontan)
fourth: (M) четвертый (chetvertyy)
fox: (F) лиса (lisa)
fraction: (F) дробь (drob')
fracture: (M) перелом (perelom)
France: (F) Франция (Frantsiya)
francium: (M) франций (frantsiy)
freckles: (PL) веснушки (vesnushki)

freestyle skiing: (M) фристайл (fristayl)
freezer: (F) морозилка (morozilka)
freight train: (M) товарный поезд (tovarnyy poyezd)
French: (M) французский язык (frantsuzskiy yazyk)
French fries: (M) картофель-фри (kartofel'-fri)
French horn: (F) валторна (valtorna)
French Polynesia: (F) Французская Полинезия (Frantsuzskaya Polineziya)
Friday: (F) пятница (pyatnitsa)
fridge: (M) холодильник (kholodil'nik)
fried noodles: (F) жареная лапша (zharenaya lapsha)
fried rice: (M) жареный рис (zharenyy ris)
fried sausage: (F) жареная колбаска (zharenaya kolbaska)
friend: (M) друг (drug)
friendly: дружелюбный (druzhelyubnyy)
frog: (F) лягушка (lyagushka)
front: передний (peredniy)
front door: (F) парадная дверь (paradnaya dver')
front light: (F) передняя фара (perednyaya fara)
front seat: (N) переднее сиденье (peredneye siden'ye)
fruit gum: (F) фруктовая жевательная резинка (fruktovaya zhevatel'naya rezinka)
fruit merchant: (M) торговец фруктами (torgovets fruktami)
fruit salad: (M) фруктовый салат (fruktovyy salat)
fry: жарить (zharit')
full: сытый (sytyy), полный (polnyy)
full stop: (F) точка (tochka)
funeral: (PL) похороны (pokhorony)
funnel: (F) воронка (voronka)
funny: смешной (smeshnoy)
furniture store: (M) мебельный магазин (mebel'nyy magazin)

G

Gabon: (M) Габон (Gabon)
gadolinium: (M) гадолиний (gadoliniy)
gain weight: полнеть (polnet')
galaxy: (F) галактика (galaktika)
gall bladder: (M) желчный пузырь (zhelchnyy puzyr')
gallium: (M) галлий (galliy)
gamble: держать пари (derzhat' pari)
game: (F) дичь (dich')
garage: (M) гараж (garazh)
garage door: (PL) гаражные ворота (garazhnyye vorota)
garbage bin: (F) корзина для мусора (korzina dlya musora)
garden: (M) сад (sad)
gardener: (M) садовник (sadovnik)
garlic: (M) чеснок (chesnok)
gas: (M) газ (gaz)
gear lever: (M) рычаг переключения передач (rychag pereklyucheniya peredach)
gear shift: (F) ручная коробка передач (ruchnaya korobka peredach)
gecko: (M) геккон (gekkon)
gender: (M) пол (pol)
general manager: (M) генеральный директор (general'nyy direktor)
generator: (M) генератор (generator)
generous: щедрый (shchedryy)
geography: (F) география (geografiya)
geometry: (F) геометрия (geometriya)

Georgia: (F) Грузия (Gruziya)
German: (M) немецкий язык (nemetskiy yazyk)
germanium: (M) германий (germaniy)
Germany: (F) Германия (Germaniya)
geyser: (M) гейзер (geyzer)
Ghana: (F) Гана (Gana)
Gibraltar: (M) Гибралтар (Gibraltar)
gin: (M) джин (dzhin)
ginger: (M) имбирь (imbir'), (PL) рыжие волосы (ryzhiye volosy)
giraffe: (M) жираф (zhiraf)
girl: (F) девочка (devochka)
girlfriend: (F) девушка (devushka)
give: давать (davat')
give a massage: делать массаж (delat' massazh)
glacier: (M) ледник (lednik)
gladiolus: (M) гладиолус (gladiolus)
glass: (M) стакан (stakan)
glasses: (PL) очки (ochki)
glider: (M) планер (planer)
glove: (F) перчатка (perchatka)
glue: (M) клей (kley)
gluten: (M) глютен (glyuten)
goal: (M) гол (gol)
goat: (F) коза (koza)
gold: (N) золото (zoloto)
Gold is more expensive than silver: Золото дороже серебра (Zoloto dorozhe serebra)
gold medal: (F) золотая медаль (zolotaya medal')
golf: (M) гольф (gol'f)
golf ball: (M) мяч для гольфа (myach dlya gol'fa)
golf club: (F) клюшка для гольфа (klyushka dlya gol'fa)
golf course: (N) поле для гольфа (pole dlya gol'fa)
good: хороший (khoroshiy)
good bye: до свидания (do svidaniya)
good day: добрый день (dobryy den')
goose: (M) гусь (gus')
go straight: езжай прямо (yezzhay pryamo)
goulash: (M) гуляш (gulyash)
GPS: (N) GPS (GPS)
graduation: (M) выпускной (vypusknoy)
graduation ceremony: (M) выпускной вечер (vypusknoy vecher)
gram: (M) грамм (gramm)
grandchild: (M) внук (vnuk)
granddaughter: (F) внучка (vnuchka)
grandfather: (M) дедушка (dedushka)
grandmother: (F) бабушка (babushka)
grandson: (M) внук (vnuk)
granite: (M) гранит (granit)
granulated sugar: (M) сахарный песок (sakharnyy pesok)
grape: (M) виноград (vinograd)
grapefruit: (M) грейпфрут (greypfrut)
graphite: (M) графит (grafit)
grass: (F) трава (trava)
grasshopper: (M) кузнечик (kuznechik)
grater: (F) терка (terka)
grave: (F) могила (mogila)
gravity: (F) сила тяжести (sila tyazhesti)
Greece: (F) Греция (Gretsiya)

greedy: жадный (zhadnyy)
green: зеленый (zelenyy)
greenhouse: (F) теплица (teplitsa)
Greenland: (F) Гренландия (Grenlandiya)
green tea: (M) зеленый чай (zelenyy chay)
Grenada: (F) Гренада (Grenada)
grey: серый (seryy)
groom: (M) жених (zhenikh)
ground floor: (M) цокольный этаж (tsokol'nyy etazh)
group therapy: (F) групповая психотерапия (gruppovaya psikhoterapiya)
grow: расти (rasti)
Guatemala: (F) Гватемала (Gvatemala)
guest: (M) гость (gost')
guilty: виновный (vinovnyy)
Guinea: (F) Гвинея (Gvineya)
Guinea-Bissau: (F) Гвинея-Бисау (Gvineya-Bisau)
guinea pig: (F) морская свинка (morskaya svinka)
guitar: (F) гитара (gitara)
gun: (M) пистолет (pistolet)
Guyana: (F) Гайана (Gayana)
gym: (M) тренажерный зал (trenazhernyy zal)
gymnastics: (F) гимнастика (gimnastika)
gynaecology: (F) гинекология (ginekologiya)

H

hafnium: (M) гафний (gafniy)
hair: (M) волос (volos)
hairdresser: (M) парикмахер (parikmakher)
hairdryer: (M) фен (fen)
hair gel: (M) гель для волос (gel' dlya volos)
hair straightener: (M) выпрямитель для волос (vypryamitel' dlya volos)
Haiti: (N) Гаити (Gaiti)
half an hour: полчаса (polchasa)
Halloween: (M) День всех святых (Den' vsekh svyatykh)
ham: (F) ветчина (vetchina)
hamburger: (M) гамбургер (gamburger)
hammer: забивать (zabivat'), (M) молоток (molotok)
hammer throw: (N) метание молота (metaniye molota)
hamster: (M) хомяк (khomyak)
hand: (F) рука (ruka)
handbag: (F) сумка (sumka)
handball: (M) гандбол (gandbol)
hand brake: (M) ручной тормоз (ruchnoy tormoz)
handcuff: (PL) наручники (naruchniki)
handsaw: (F) ручная пила (ruchnaya pila)
handsome: красивый (krasivyy)
happy: счастливый (schastlivyy)
harbour: (F) гавань (gavan')
hard: жесткий (zhestkiy)
hard drive: (M) жесткий диск (zhestkiy disk)
harmonica: (F) губная гармоника (gubnaya garmonika)
harp: (F) арфа (arfa)
hassium: (M) хассий (khassiy)
hat: (F) шляпа (shlyapa)
hay fever: (F) сенная лихорадка (sennaya likhoradka)

hazelnut: (M) лесной орех (lesnoy orekh)
he: он (on)
head: (F) голова (golova)
headache: (F) головная боль (golovnaya bol')
heading: (M) заголовок (zagolovok)
head injury: (F) травма головы (travma golovy)
healthy: здоровый (zdorovyy)
heart: (N) сердце (serdtse)
heart attack: (M) инфаркт (infarkt)
heating: (N) отопление (otopleniye)
heavy: тяжелый (tyazhelyy)
heavy metal: (M) хэви-метал (khevi-metal)
hedge: (F) живая изгородь (zhivaya izgorod')
hedgehog: (M) еж (yezh)
heel: (F) пятка (pyatka), (M) каблук (kabluk)
height: (F) высота (vysota)
heir: (M) наследник (naslednik)
helicopter: (M) вертолет (vertolet)
helium: (M) гелий (geliy)
hello: здравствуйте (zdravstvuyte)
helmet: (M) шлем (shlem)
help: помогать (pomogat')
hemorrhoid: (M) геморрой (gemorroy)
her dress: ее платье (yeye plat'ye)
here: здесь (zdes')
heritage: (N) наследие (naslediye)
hexagon: (M) шестиугольник (shestiugol'nik)
hi: привет (privet)
hide: прятаться (pryatat'sya)
high: высокий (vysokiy)
high-speed train: (M) высокоскоростной поезд (vysokoskorostnoy poyezd)
high blood pressure: (N) высокое кровяное давление (vysokoye krovyanoye davleniye)
high heels: (PL) туфли на высоких каблуках (tufli na vysokikh kablukakh)
high jump: (PL) прыжки в высоту (pryzhki v vysotu)
high school: (F) средняя школа (srednyaya shkola)
hiking: (M) пеший туризм (peshiy turizm)
hiking boots: (PL) треккинговые ботинки (trekkingovyye botinki)
hill: (M) холм (kholm)
Himalayas: (PL) Гималаи (Gimalai)
hippo: (M) бегемот (begemot)
his car: его машина (yego mashina)
history: (F) история (istoriya)
hit: ударить (udarit')
hockey stick: (F) хоккейная клюшка (khokkeynaya klyushka)
hoe: (F) мотыга (motyga)
hole puncher: (M) дырокол (dyrokol)
holmium: (M) гольмий (gol'miy)
holy: святой (svyatoy)
homework: (N) домашнее задание (domashneye zadaniye)
homoeopathy: (F) гомеопатия (gomeopatiya)
Honduras: (M) Гондурас (Gonduras)
honey: (M) мед (med)
honeymoon: (M) медовый месяц (medovyy mesyats)
Hong Kong: (M) Гонконг (Gonkong)
horn: (M) гудок (gudok)
horror movie: (M) фильм ужасов (fil'm uzhasov)
horse: (F) лошадь (loshad')

hose: (M) шланг (shlang)
hospital: (F) больница (bol'nitsa)
host: (M) ведущий шоу (vedushchiy shou)
hostel: (M) хостел (khostel)
hot: острый (ostryy), горячий (goryachiy)
hot-air balloon: (M) воздушный шар (vozdushnyy shar)
hot-water bottle: (F) грелка (grelka)
hot chocolate: (M) горячий шоколад (goryachiy shokolad)
hot dog: (M) хот-дог (khot-dog)
hotel: (F) гостиница (gostinitsa)
hot pot: (M) китайский самовар (kitayskiy samovar)
hour: (M) час (chas)
house: (M) дом (dom)
houseplant: (N) комнатное растение (komnatnoye rasteniye)
how: как (kak)
How are you?: Как дела? (Kak dela?)
how many?: сколько? (skol'ko?)
how much?: сколько? (skol'ko?)
How much is this?: Сколько это стоит? (Skol'ko eto stoit?)
huge: огромный (ogromnyy)
human resources: (M) отдел кадров (otdel kadrov)
humidity: (F) влажность (vlazhnost')
Hungary: (F) Венгрия (Vengriya)
hungry: голодный (golodnyy)
hurdles: (M) барьерный бег (bar'yernyy beg)
hurricane: (M) ураган (uragan)
husband: (M) муж (muzh)
hydrant: (M) гидрант (gidrant)
hydroelectric power station: (F) гидроэлектростанция (gidroelektrostantsiya)
hydrogen: (M) водород (vodorod)
hydrotherapy: (F) гидротерапия (gidroterapiya)
hyphen: (M) дефис (defis)
hypnosis: (M) гипноз (gipnoz)

I

I: я (ya)
I agree: согласен (soglasen)
ice: (M) лед (led)
ice climbing: (N) ледолазание (ledolazaniye)
ice cream: (N) мороженое (morozhenoye)
iced coffee: (M) холодный кофе (kholodnyy kofe)
ice hockey: (M) хоккей (khokkey)
Iceland: (F) Исландия (Islandiya)
ice rink: (M) каток (katok)
ice skating: (N) катание на коньках (kataniye na kon'kakh)
icing sugar: (F) сахарная пудра (sakharnaya pudra)
icon: (M) значок (znachok)
I don't know: Я не знаю (YA ne znayu)
I don't like this: Мне это не нравится (Mne eto ne nravitsya)
I don't understand: Не понимаю (Ne ponimayu)
if: если (yesli)
I have a dog: У меня есть собака (U menya yest' sobaka)
I know: Я знаю (YA znayu)
I like you: Ты мне нравишься (Ty mne nravish'sya)
I love you: Я люблю тебя (YA lyublyu tebya)

I miss you: Я скучаю по тебе (YA skuchayu po tebe)
immediately: немедленно (nemedlenno)
inbox: (PL) входящие сообщения (vkhodyashchiye soobshcheniya)
inch: (M) дюйм (dyuym)
index finger: (M) указательный палец (ukazatel'nyy palets)
India: (F) Индия (Indiya)
Indian Ocean: (M) Индийский океан (Indiyskiy okean)
indium: (M) индий (indiy)
Indonesia: (F) Индонезия (Indoneziya)
industrial district: (M) промышленный район (promyshlennyy rayon)
I need this: Мне нужно это (Mne nuzhno eto)
infant: (M) младенец (mladenets)
infection: (N) инфекционное заболевание (infektsionnoye zabolevaniye)
infusion: (N) внутривенное вливание (vnutrivennoye vlivaniye)
inhaler: (M) ингалятор (ingalyator)
injure: ранить (ranit')
injury: (F) травма (travma)
ink: (PL) чернила (chernila)
inking roller: (M) красильный валик (krasil'nyy valik)
insect repellent: (N) средство от насекомых (sredstvo ot nasekomykh)
inside: внутри (vnutri)
instant camera: (F) мгновенная камера (mgnovennaya kamera)
instant noodles: (F) лапша быстрого приготовления (lapsha bystrogo prigotovleniya)
insulating tape: (F) изолента (izolenta)
insulin: (M) инсулин (insulin)
insurance: (N) страхование (strakhovaniye)
intensive care unit: (N) отделение интенсивной терапии (otdeleniye intensivnoy terapii)
interest: (M) процент (protsent)
intern: (M) стажер (stazher)
intersection: (M) перекресток (perekrestok)
intestine: (M) кишечник (kishechnik)
investment: (F) инвестиция (investitsiya)
iodine: (M) йод (yod)
ion: (M) ион (ion)
Iran: (M) Иран (Iran)
Iraq: (M) Ирак (Irak)
Ireland: (F) Ирландия (Irlandiya)
iridium: (M) иридий (iridiy)
iris: (M) ирис (iris)
iron: гладить (gladit'), (N) железо (zhelezo)
ironing table: (F) гладильная доска (gladil'naya doska)
island: (M) остров (ostrov)
isotope: (M) изотоп (izotop)
Israel: (M) Израиль (Izrail')
IT: (N) ИТ (IT)
Italy: (F) Италия (Italiya)
Ivory Coast: (M) Кот-д'Ивуар (Kot-d'Ivuar)
I want more: Я хочу еще (YA khochu yeshche)
I want this: я хочу это (ya khochu eto)

J

jack: (M) домкрат (domkrat)
jacket: (F) куртка (kurtka)
jackfruit: (M) джекфрут (dzhekfrut)
jade: (M) жадеит (zhadeit)

jam: (N) варенье (varen'ye)
Jamaica: (F) Ямайка (Yamayka)
January: (M) январь (yanvar')
Japan: (F) Япония (Yaponiya)
Japanese: (M) японский язык (yaponskiy yazyk)
jar: (F) стеклянная банка (steklyannaya banka)
javelin throw: (N) метание копья (metaniye kop'ya)
jawbone: (F) челюсть (chelyust')
jazz: (M) джаз (dzhaz)
jeans: (PL) джинсы (dzhinsy)
jellyfish: (F) медуза (meduza)
jersey: (N) джерси (dzhersi)
jet ski: (M) гидроцикл (gidrotsikl)
jeweller: (M) ювелир (yuvelir)
jive: (M) джайв (dzhayv)
job: (F) работа (rabota)
jogging bra: (M) спортивный бюстгальтер (sportivnyy byustgal'ter)
joke: (F) шутка (shutka)
Jordan: (F) Иордания (Iordaniya)
journalist: (M) журналист (zhurnalist)
judge: (M) судья (sud'ya)
judo: (N) дзюдо (dzyudo)
juicy: сочный (sochnyy)
July: (M) июль (iyul')
jump: прыгать (prygat')
June: (M) июнь (iyun')
junior school: (F) младшая школа (mladshaya shkola)
Jupiter: (M) Юпитер (Yupiter)
jury: (PL) присяжные (prisyazhnyye)

K

kangaroo: (M) кенгуру (kenguru)
karate: (N) каратэ (karate)
kart: (M) картинг (karting)
Kazakhstan: (M) Казахстан (Kazakhstan)
kebab: (M) кебаб (kebab)
kennel: (F) конура (konura)
Kenya: (F) Кения (Keniya)
kettle: (M) чайник (chaynik)
kettledrum: (F) литавра (litavra)
key: (M) ключ (klyuch)
keyboard: (M) синтезатор (sintezator), (F) клавиатура (klaviatura)
key chain: (M) брелок (brelok)
keyhole: (F) замочная скважина (zamochnaya skvazhina)
kick: пинать (pinat')
kidney: (F) почка (pochka)
kill: убивать (ubivat')
killer whale: (F) касатка (kasatka)
kilogram: (M) килограмм (kilogramm)
kindergarten: (M) детский сад (detskiy sad)
kindergarten teacher: (M) воспитатель детского сада (vospitatel' detskogo sada)
Kiribati: (N) Кирибати (Kiribati)
kiss: целовать (tselovat'), (M) поцелуй (potseluy)
kitchen: (F) кухня (kukhnya)
kiwi: (N) киви (kivi)

knee: (N) колено (koleno)
kneecap: (F) коленная чашечка (kolennaya chashechka)
knife: (M) нож (nozh)
knit cap: (F) вязаная шапка (vyazanaya shapka)
know: знать (znat')
koala: (F) коала (koala)
Kosovo: (N) Косово (Kosovo)
krone: (F) крона (krona)
krypton: (M) криптон (kripton)
Kuwait: (M) Кувейт (Kuveyt)
Kyrgyzstan: (F) Киргизия (Kirgiziya)

L

laboratory: (F) лаборатория (laboratoriya)
lace: (M) шнурок (shnurok)
lacrosse: (M) лакросс (lakross)
ladder: (F) лестница (lestnitsa)
ladle: (M) половник (polovnik)
ladybird: (F) божья коровка (bozh'ya korovka)
lake: (N) озеро (ozero)
lamb: (F) ягнятина (yagnyatina)
lamp: (F) лампа (lampa)
landlord: (M) арендодатель (arendodatel')
lanthanum: (M) лантан (lantan)
Laos: (M) Лаос (Laos)
laptop: (M) ноутбук (noutbuk)
larch: (F) лиственница (listvennitsa)
lasagne: (F) лазанья (lazan'ya)
last month: в прошлом месяце (v proshlom mesyatse)
last week: на прошлой неделе (na proshloy nedele)
last year: в прошлом году (v proshlom godu)
Latin: (M) латинский язык (latinskiy yazyk)
Latin dance: (M) латинский танец (latinskiy tanets)
latitude: (F) широта (shirota)
Latvia: (F) Латвия (Latviya)
laugh: смеяться (smeyat'sya)
laundry: (N) грязное бельё (gryaznoye bel'ye)
laundry basket: (F) корзина для белья (korzina dlya bel'ya)
lava: (F) лава (lava)
law: (M) закон (zakon)
lawn mower: (F) газонокосилка (gazonokosilka)
lawrencium: (M) лоуренсий (lourensiy)
lawyer: (M) адвокат (advokat)
lazy: ленивый (lenivyy)
lead: (M) свинец (svinets)
leaf: (M) лист (list)
leaflet: (F) брошюра (broshyura)
lean meat: (N) постное мясо (postnoye myaso)
leather shoes: (F) кожаная обувь (kozhanaya obuv')
Lebanon: (M) Ливан (Livan)
lecture: (F) лекция (lektsiya)
lecturer: (M) докладчик (dokladchik)
lecture theatre: (M) лекционный зал (lektsionnyy zal)
leek: (M) лук-порей (luk-porey)
left: левый (levyy)

leg: (F) нога (noga)
legal department: (M) юридический отдел (yuridicheskiy otdel)
leggings: (PL) лосины (losiny)
leg press: (M) жим ногами (zhim nogami)
lemon: (M) лимон (limon)
lemonade: (M) лимонад (limonad)
lemongrass: (M) лемонграсс (lemongrass)
lemur: (M) лемур (lemur)
leopard: (M) леопард (leopard)
Lesotho: (N) Лесото (Lesoto)
less: меньше (men'she)
lesson: (M) урок (urok)
Let's go home: Пошли домой (Poshli domoy)
letter: (F) буква (bukva), (N) письмо (pis'mo)
lettuce: (M) салат (salat)
Liberia: (F) Либерия (Liberiya)
librarian: (M) библиотекарь (bibliotekar')
library: (F) библиотека (biblioteka)
Libya: (F) Ливия (Liviya)
lie: лежать (lezhat')
Liechtenstein: (M) Лихтенштейн (Likhtenshteyn)
lifeboat: (F) спасательная шлюпка (spasatel'naya shlyupka)
life buoy: (M) спасательный круг (spasatel'nyy krug)
lifeguard: (M) спасатель (spasatel')
life jacket: (M) спасательный жилет (spasatel'nyy zhilet)
lift: поднимать (podnimat')
light: легкий (legkiy), светлый (svetlyy)
light bulb: (F) лампочка (lampochka)
lighter: (F) зажигалка (zazhigalka)
lighthouse: (M) маяк (mayak)
lightning: (F) молния (molniya)
light switch: (M) выключатель (vyklyuchatel')
like: нравится (nravitsya)
lime: (M) лайм (laym)
limestone: (M) известняк (izvestnyak)
limousine: (M) лимузин (limuzin)
lingerie: (N) дамское белье (damskoye bel'ye)
lion: (M) лев (lev)
lip: (F) губа (guba)
lip balm: (M) бальзам для губ (bal'zam dlya gub)
lip gloss: (M) блеск для губ (blesk dlya gub)
lipstick: (F) губная помада (gubnaya pomada)
liqueur: (M) ликер (liker)
liquorice: (F) лакрица (lakritsa)
listen: слушать (slushat')
liter: (M) литр (litr)
literature: (F) литература (literatura)
lithium: (M) литий (litiy)
Lithuania: (F) Литва (Litva)
little black dress: (N) маленькое черное платье (malen'koye chernoye plat'ye)
little brother: (M) младший брат (mladshiy brat)
little finger: (M) мизинец (mizinets)
little sister: (F) младшая сестра (mladshaya sestra)
live: жить (zhit')
liver: (F) печень (pechen')
livermorium: (M) ливерморий (livermoriy)
living room: (F) гостиная (gostinaya)

lizard: (F) ящерица (yashcheritsa)
llama: (F) лама (lama)
loan: (M) заем (zayem)
lobby: (M) вестибюль (vestibyul')
lobster: (M) омар (omar)
lock: закрывать (zakryvat')
locomotive: (M) локомотив (lokomotiv)
lonely: одинокий (odinokiy)
long: длинный (dlinnyy)
longitude: (F) долгота (dolgota)
long jump: (M) прыжок в длину (pryzhok v dlinu)
look for: искать (iskat')
loppers: (M) сучкорез (suchkorez)
lorry: (M) грузовик (gruzovik)
lorry driver: (M) водитель грузовика (voditel' gruzovika)
lose: проигрывать (proigryvat')
lose weight: худеть (khudet')
loss: (F) потеря (poterya)
lotus root: (M) корень лотоса (koren' lotosa)
loud: громкий (gromkiy)
loudspeaker: (M) громкоговоритель (gromkogovoritel')
love: любить (lyubit'), (F) любовь (lyubov')
lovesickness: (F) любовная тоска (lyubovnaya toska)
low: низкий (nizkiy)
lubricant: (F) смазка (smazka)
luge: (M) санный спорт (sannyy sport)
luggage: (M) багаж (bagazh)
lunar eclipse: (N) лунное затмение (lunnoye zatmeniye)
lunch: (M) обед (obed)
lung: (N) легкое (legkoye)
lutetium: (M) лютеций (lyutetsiy)
Luxembourg: (M) Люксембург (Lyuksemburg)
lychee: (N) личи (lichi)
lyrics: (M) текст песни (tekst pesni)

M

Macao: (N) Макао (Makao)
Macedonia: (F) Македония (Makedoniya)
Madagascar: (M) Мадагаскар (Madagaskar)
magazine: (M) журнал (zhurnal)
magma: (F) магма (magma)
magnesium: (M) магний (magniy)
magnet: (M) магнит (magnit)
magnetic resonance imaging: (F) магнитно-резонансная томография (magnitno-rezonansnaya tomografiya)
magpie: (F) сорока (soroka)
mailbox: (M) почтовый ящик (pochtovyy yashchik)
Malawi: (F) Малави (Malavi)
Malaysia: (F) Малайзия (Malayziya)
Maldives: (PL) Мальдивы (Mal'divy)
Mali: (F) Мали (Mali)
Malta: (F) Мальта (Mal'ta)
man: (M) мужчина (muzhchina)
manager: (M) менеджер (menedzher)
Mandarin: (M) китайский язык (kitayskiy yazyk)

manganese: (M) марганец (marganets)
mango: (N) манго (mango)
manhole cover: (F) крышка люка (kryshka lyuka)
manicure: (M) маникюр (manikyur)
mannequin: (M) манекен (maneken)
many: многие (mnogiye)
map: (F) карта (karta)
maple: (M) клён (klon)
maple syrup: (M) кленовый сироп (klenovyy sirop)
marathon: (M) марафон (marafon)
March: (M) март (mart)
marjoram: (M) майоран (mayoran)
market: (M) рынок (rynok)
marketing: (M) маркетинг (marketing)
marry: жениться (zhenit'sya)
Mars: (M) Марс (Mars)
marsh: (PL) болота (bolota)
Marshall Islands: (PL) Маршалловы острова (Marshallovy ostrova)
marshmallow: (M) зефир (zefir)
martini: (M) мартини (martini)
mascara: (F) тушь для ресниц (tush' dlya resnits)
mashed potatoes: (N) картофельное пюре (kartofel'noye pyure)
massage: (M) массаж (massazh)
masseur: (M) массажист (massazhist)
mast: (F) мачта (machta)
master: (M) магистр (magistr)
match: (F) спичка (spichka)
mathematics: (F) математика (matematika)
mattress: (M) матрас (matras)
Mauritania: (F) Мавритания (Mavritaniya)
Mauritius: (M) Маврикий (Mavrikiy)
May: (M) май (may)
mayonnaise: (M) майонез (mayonez)
measles: (F) корь (kor')
measure: измерять (izmeryat')
meat: (N) мясо (myaso)
meatball: (F) фрикаделька (frikadel'ka)
mechanic: (M) механик (mekhanik)
medal: (F) медаль (medal')
meditation: (F) медитация (meditatsiya)
Mediterranean Sea: (N) Средиземное море (Sredizemnoye more)
meerkat: (M) сурикат (surikat)
meet: встречаться (vstrechat'sya)
meeting room: (F) комната для переговоров (komnata dlya peregovorov)
meitnerium: (M) мейтнерий (meytneriy)
melody: (F) мелодия (melodiya)
member: (M) член (chlen)
membership: (N) членство (chlenstvo)
mendelevium: (M) менделевий (mendeleviy)
menu: (N) меню (menyu)
Mercury: (M) Меркурий (Merkuriy)
mercury: (F) ртуть (rtut')
metal: (M) металл (metall)
metalloid: (M) металлоид (metalloid)
meteorite: (M) метеорит (meteorit)
meter: (M) метр (metr)
methane: (M) метан (metan)

metropolis: (M) мегаполис (megapolis)
Mexico: (F) Мексика (Meksika)
Micronesia: (F) Микронезия (Mikroneziya)
microscope: (M) микроскоп (mikroskop)
microwave: (F) микроволновая печь (mikrovolnovaya pech')
middle finger: (M) средний палец (sredniy palets)
midnight: (F) полночь (polnoch')
midwife: (F) акушерка (akusherka)
migraine: (F) мигрень (migren')
mile: (F) миля (milya)
milk: (N) молоко (moloko)
milk powder: (N) сухое молоко (sukhoye moloko)
milkshake: (M) молочный коктейль (molochnyy kokteyl')
milk tea: (M) чай с молоком (chay s molokom)
Milky Way: (M) Млечный Путь (Mlechnyy Put')
millennium: (N) тысячелетие (tysyacheletiye)
milliliter: (M) миллилитр (millilitr)
millimeter: (M) миллиметр (millimetr)
minced meat: (M) фарш (farsh)
minibar: (M) минибар (minibar)
minibus: (M) микроавтобус (mikroavtobus)
minister: (M) министр (ministr)
mint: (F) мята (myata)
minute: (F) минута (minuta)
mirror: (N) зеркало (zerkalo)
miscarriage: (M) выкидыш (vykidysh)
mitt: (F) рукавица игрока в бейсбол (rukavitsa igroka v beysbol)
mixer: (M) миксер (mikser)
mobile phone: (M) мобильный телефон (mobil'nyy telefon)
mocha: (M) мокко (mokko)
model: (F) модель (model')
modern pentathlon: (N) современное пятиборье (sovremennoye pyatibor'ye)
Moldova: (F) Молдова (Moldova)
molecule: (F) молекула (molekula)
molybdenum: (M) молибден (molibden)
Monaco: (N) Монако (Monako)
Monday: (M) понедельник (ponedel'nik)
money: (PL) деньги (den'gi)
Mongolia: (F) Монголия (Mongoliya)
monk: (M) монах (monakh)
monkey: (F) обезьяна (obez'yana)
Monopoly: (F) монополия (monopoliya)
monorail: (M) монорельс (monorel's)
monsoon: (M) муссон (musson)
Montenegro: (F) Черногория (Chernogoriya)
month: (M) месяц (mesyats)
Montserrat: (M) Монтсеррат (Montserrat)
monument: (M) памятник (pamyatnik)
moon: (F) Луна (Luna)
more: больше (bol'she)
morning: (N) утро (utro), (F) первая половина дня (pervaya polovina dnya)
Morocco: (N) Марокко (Marokko)
mosque: (F) мечеть (mechet')
mosquito: (M) комар (komar)
most: наиболее (naiboleye)
moth: (M) мотылек (motylek)
mother: (F) мать (mat')

mother-in-law: (F) теща, свекровь (teshcha, svekrov')
motocross: (M) мотокросс (motokross)
motor: (M) двигатель (dvigatel')
motorcycle: (M) мотоцикл (mototsikl)
motorcycle racing: (PL) мотогонки (motogonki)
motor scooter: (M) мопед (moped)
motorway: (F) автомагистраль (avtomagistral')
mountain: (F) гора (gora)
mountain biking: (N) катание на горных велосипедах (kataniye na gornykh velosipedakh)
mountaineering: (M) альпинизм (al'pinizm)
mountain range: (M) горный хребет (gornyy khrebet)
mouse: (F) мышь (mysh')
mouth: (M) рот (rot)
mouthguard: (F) капа (kapa)
Mozambique: (M) Мозамбик (Mozambik)
mozzarella: (F) моцарелла (motsarella)
MP3 player: (M) MP3 плеер (MR3 pleyer)
muesli: (N) мюсли (myusli)
muffin: (M) кекс (keks)
mufti: (M) муфтий (muftiy)
multiplication: (N) умножение (umnozheniye)
mum: (F) мама (mama)
mumps: (F) свинка (svinka)
muscle: (F) мышца (myshtsa)
museum: (M) музей (muzey)
mushroom: (M) гриб (grib)
musician: (M) музыкант (muzykant)
mustard: (F) горчица (gorchitsa)
mute: немой (nemoy)
my dog: моя собака (moya sobaka)

N

nachos: (M) начос (nachos)
nail: (M) гвоздь (gvozd')
nail clipper: (PL) щипчики для ногтей (shchipchiki dlya nogtey)
nail file: (F) пилочка для ногтей (pilochka dlya nogtey)
nail polish: (M) лак для ногтей (lak dlya nogtey)
nail scissors: (PL) маникюрные ножницы (manikyurnyye nozhnitsy)
nail varnish remover: (F) жидкость для снятия лака (zhidkost' dlya snyatiya laka)
Namibia: (F) Намибия (Namibiya)
nape: (M) затылок (zatylok)
narrow: узкий (uzkiy)
nasal bone: (F) носовая кость (nosovaya kost')
nasal spray: (M) назальный спрей (nazal'nyy sprey)
national park: (M) национальный парк (natsional'nyy park)
Nauru: (N) Науру (Nauru)
nausea: (F) тошнота (toshnota)
neck: (F) шея (sheya)
neck brace: (M) шейный корсет (sheynyy korset)
necklace: (N) ожерелье (ozherel'ye)
nectar: (M) нектар (nektar)
needle: (F) игла (igla)
negligee: (M) пеньюар (pen'yuar)
neighbour: (M) сосед (sosed)
neodymium: (M) неодим (neodim)

neon: (M) неон (neon)
Nepal: (M) Непал (Nepal)
nephew: (M) племянник (plemyannik)
Neptune: (M) Нептун (Neptun)
neptunium: (M) нептуний (neptuniy)
nerve: (M) нерв (nerv)
net: (F) сетка (setka)
Netherlands: (PL) Нидерланды (Niderlandy)
network: (F) сеть (set')
neurology: (F) неврология (nevrologiya)
neutron: (M) нейтрон (neytron)
new: новый (novyy)
New Caledonia: (F) Новая Каледония (Novaya Kaledoniya)
news: (PL) новости (novosti)
newsletter: (F) новостная рассылка (novostnaya rassylka)
newspaper: (F) газета (gazeta)
New Year: (M) Новый год (Novyy god)
New Zealand: (F) Новая Зеландия (Novaya Zelandiya)
next month: в следующем месяце (v sleduyushchem mesyatse)
next week: на следующей неделе (na sleduyushchey nedele)
next year: в следующем году (v sleduyushchem godu)
Nicaragua: (N) Никарагуа (Nikaragua)
nickel: (M) никель (nikel')
niece: (F) племянница (plemyannitsa)
Niger: (M) Нигер (Niger)
Nigeria: (F) Нигерия (Nigeriya)
night: (F) ночь (noch')
night club: (M) ночной клуб (nochnoy klub)
nightie: (F) ночная рубашка (nochnaya rubashka)
night table: (F) тумбочка (tumbochka)
niobium: (M) ниобий (niobiy)
nipple: (M) сосок (sosok)
nitrogen: (M) азот (azot)
Niue: (N) Ниуэ (Niue)
nobelium: (M) нобелий (nobeliy)
non-metal: (M) неметалл (nemetall)
none: никто (nikto)
noodle: (F) лапша (lapsha)
noon: (M) полдень (polden')
Nordic combined: (N) лыжное двоеборье (lyzhnoye dvoyebor'ye)
north: север (sever)
northern hemisphere: (N) Северное полушарие (Severnoye polushariye)
North Korea: (F) Северная Корея (Severnaya Koreya)
North Pole: (M) Северный полюс (Severnyy polyus)
Norway: (F) Норвегия (Norvegiya)
nose: (M) нос (nos)
nosebleed: (N) носовое кровотечение (nosovoye krovotecheniye)
nostril: (F) ноздря (nozdrya)
not: не (ne)
note: (F) нота (nota), (F) заметка (zametka), (F) банкнота (banknota)
notebook: (F) тетрадь (tetrad')
nougat: (F) нуга (nuga)
novel: (M) роман (roman)
November: (M) ноябрь (noyabr')
now: сейчас (seychas)
no worries: не беспокойся (ne bespokoysya)
nuclear power plant: (F) атомная электростанция (atomnaya elektrostantsiya)

numerator: (M) числитель (chislitel')
nun: (F) монахиня (monakhinya)
nurse: (F) медсестра (medsestra)
nursery: (F) детская комната (detskaya komnata), (PL) ясли (yasli)
nut: (M) орех (orekh)
nutmeg: (M) мускатный орех (muskatnyy orekh)
nylon: (M) нейлон (neylon)

O

oak: (M) дуб (dub)
oat: (F) овсянка (ovsyanka)
oatmeal: (F) овсяная каша (ovsyanaya kasha)
oboe: (M) гобой (goboy)
ocean: (M) океан (okean)
octagon: (M) восьмиугольник (vos'miugol'nik)
October: (M) октябрь (oktyabr')
octopus: (M) осьминог (os'minog)
oesophagus: (M) пищевод (pishchevod)
of course: конечно (konechno)
office: (M) офис (ofis)
often: часто (chasto)
oil: (N) масло (maslo)
oil paint: (F) масляная краска (maslyanaya kraska)
oil pastel: (F) масляная пастель (maslyanaya pastel')
ok: окей (okey)
okra: (F) окра (okra)
old: старый (staryy)
olive: (F) оливка (olivka)
olive oil: (N) оливковое масло (olivkovoye maslo)
Oman: (M) Оман (Oman)
oncology: (F) онкология (onkologiya)
one-way street: (F) улица с односторонним движением (ulitsa s odnostoronnim dvizheniyem)
one o'clock in the morning: час ночи (chas nochi)
onion: (M) лук (luk)
onion ring: (N) луковое кольцо (lukovoye kol'tso)
opal: (M) опал (opal)
open: открывать (otkryvat')
opera: (F) опера (opera)
operating theatre: (F) операционная (operatsionnaya)
optician: (M) оптик (optik)
or: или (ili)
orange: оранжевый (oranzhevyy), (M) апельсин (apel'sin)
orange juice: (M) апельсиновый сок (apel'sinovyy sok)
orchestra: (M) оркестр (orkestr)
oregano: (M) орегано (oregano)
organ: (M) орган (organ)
origami: (N) оригами (origami)
orphan: (F) сирота (sirota)
orthopaedics: (F) ортопедия (ortopediya)
osmium: (M) осмий (osmiy)
ostrich: (M) страус (straus)
other: другой (drugoy)
otter: (F) выдра (vydra)
ounce: (F) унция (untsiya)
our home: наш дом (nash dom)

outpatient: (M) амбулаторный больной (ambulatornyy bol'noy)
outside: снаружи (snaruzhi)
ovary: (M) яичник (yaichnik)
oven: (F) духовка (dukhovka)
overpass: (M) надземный пешеходный переход (nadzemnyy peshekhodnyy perekhod)
oviduct: (M) яйцевод (yaytsevod)
ovum: (F) яйцеклетка (yaytsekletka)
owl: (F) сова (sova)
oxygen: (M) кислород (kislorod)

P

Pacific Ocean: (M) Тихий океан (Tikhiy okean)
package: (F) упаковка (upakovka)
paediatrics: (F) педиатрия (pediatriya)
painkiller: (N) болеутоляющее средство (boleutolyayushcheye sredstvo)
paint: рисовать (risovat'), (F) краска (kraska)
painting: (F) картина (kartina)
Pakistan: (M) Пакистан (Pakistan)
Palau: (N) Палау (Palau)
pale: бледный (blednyy)
Palestine: (F) Палестина (Palestina)
palette: (F) палитра (palitra)
palladium: (M) палладий (palladiy)
pallet: (M) поддон (poddon)
palm: (F) ладонь (ladon')
palm tree: (F) пальма (pal'ma)
pan: (F) сковорода (skovoroda)
Panama: (F) Панама (Panama)
pancake: (M) блин (blin)
pancreas: (F) поджелудочная железа (podzheludochnaya zheleza)
panda: (F) панда (panda)
panties: (PL) трусики (trusiki)
pantyhose: (PL) колготки (kolgotki)
panty liner: (F) ежедневная прокладка (yezhednevnaya prokladka)
papaya: (F) папайя (papayya)
paperclip: (F) скрепка (skrepka)
paprika: (F) паприка (paprika)
Papua New Guinea: (F) Папуа-Новая Гвинея (Papua-Novaya Gvineya)
parachute: (M) парашют (parashyut)
parachuting: (M) парашютный спорт (parashyutnyy sport)
paragraph: (M) параграф (paragraf)
Paraguay: (M) Парагвай (Paragvay)
parasol: (M) зонтик от солнца (zontik ot solntsa)
parcel: (F) посылка (posylka)
parents: (PL) родители (roditeli)
parents-in-law: (PL) родители жены, родители мужа (roditeli zheny, roditeli muzha)
park: (M) парк (park)
parking meter: (M) счетчик на стоянке (schetchik na stoyanke)
parmesan: (M) пармезан (parmezan)
parrot: (M) попугай (popugay)
passport: (M) заграничный паспорт (zagranichnyy pasport)
password: (M) пароль (parol')
pathology: (F) патология (patologiya)
patient: (M) пациент (patsiyent)
pavement: (M) тротуар (trotuar)

pay: платить (platit')
pea: (M) горох (gorokh)
peach: (M) персик (persik)
peacock: (M) павлин (pavlin)
peanut: (M) арахис (arakhis)
peanut butter: (N) арахисовое масло (arakhisovoye maslo)
peanut oil: (N) арахисовое масло (arakhisovoye maslo)
pear: (F) груша (grusha)
pearl necklace: (N) жемчужное ожерелье (zhemchuzhnoye ozherel'ye)
pedestrian area: (F) пешеходная зона (peshekhodnaya zona)
pedestrian crossing: (M) пешеходный переход (peshekhodnyy perekhod)
pedicure: (M) педикюр (pedikyur)
peel: (F) кожура (kozhura)
peg: (F) прищепка (prishchepka)
pelican: (M) пеликан (pelikan)
pelvis: (M) таз (taz)
pen: (F) ручка (ruchka)
pencil: (M) карандаш (karandash)
pencil case: (M) пенал (penal)
pencil sharpener: (F) точилка (tochilka)
penguin: (M) пингвин (pingvin)
peninsula: (M) полуостров (poluostrov)
penis: (M) пенис (penis)
pepper: (M) перец (perets)
perfume: (PL) духи (dukhi)
periodic table: (F) периодическая таблица (periodicheskaya tablitsa)
Peru: (N) Перу (Peru)
petal: (M) лепесток (lepestok)
Petri dish: (F) чашка Петри (chashka Petri)
petrol: (M) бензин (benzin)
petrol station: (F) заправка (zapravka)
pet shop: (M) зоомагазин (zoomagazin)
pharmacist: (M) фармацевт (farmatsevt)
pharmacy: (F) аптека (apteka)
PhD: (M) доктор философии (doktor filosofii)
Philippines: (PL) Филиппины (Filippiny)
philosophy: (F) философия (filosofiya)
phoalbum: (M) фотоальбом (fotoal'bom)
phosphorus: (M) фосфор (fosfor)
photographer: (M) фотограф (fotograf)
physical education: (F) физическая культура (fizicheskaya kul'tura)
physician: (M) терапевт (terapevt)
physicist: (M) физик (fizik)
physics: (F) физика (fizika)
physiotherapist: (M) физиотерапевт (fizioterapevt)
physiotherapy: (F) физиотерапия (fizioterapiya)
piano: (N) пианино (pianino)
picnic: (M) пикник (piknik)
picture: (F) картина (kartina)
picture frame: (F) фоторамка (fotoramka)
pie: (M) пирог (pirog)
pier: (M) пирс (pirs)
pig: (F) свинья (svin'ya)
pigeon: (M) голубь (golub')
piglet: (M) поросенок (porosenok)
Pilates: (M) пилатес (pilates)
pill: (F) пилюля (pilyulya)

pillow: (F) подушка (podushka)
pilot: (M) пилот (pilot)
pincers: (PL) клещи (kleshchi)
pine: (F) сосна (sosna)
pineapple: (M) ананас (ananas)
pink: розовый (rozovyy)
pipette: (F) пипетка (pipetka)
pistachio: (F) фисташка (fistashka)
pit: (F) косточка (kostochka)
pitchfork: (PL) вилы (vily)
pizza: (F) пицца (pitstsa)
plane: (M) самолет (samolet)
planet: (F) планета (planeta)
plaster: (M) пластырь (plastyr')
plastic: (M) пластик (plastik)
plastic bag: (M) полиэтиленовый пакет (polietilenovyy paket)
plate: (F) тарелка (tarelka)
platform: (F) платформа (platforma)
platinum: (F) платина (platina)
play: играть (igrat'), (F) пьеса (p'yesa)
playground: (F) детская площадка (detskaya ploshchadka)
please: пожалуйста (pozhaluysta)
plug: (M) штепсель (shtepsel')
plum: (F) слива (sliva)
plumber: (M) водопроводчик (vodoprovodchik)
plump: полный (polnyy)
Pluto: (M) Плутон (Pluton)
plutonium: (M) плутоний (plutoniy)
pocket: (M) карман (karman)
poisoning: (N) отравление (otravleniye)
poker: (M) покер (poker)
Poland: (F) Польша (Pol'sha)
polar bear: (M) белый медведь (belyy medved')
pole: (M) полюс (polyus)
pole vault: (PL) прыжки с шестом (pryzhki s shestom)
police: (F) полиция (politsiya)
police car: (F) полицейская машина (politseyskaya mashina)
policeman: (M) полицейский (politseyskiy)
police station: (M) полицейский участок (politseyskiy uchastok)
politician: (M) политик (politik)
politics: (F) политика (politika)
polo: (N) поло (polo)
polonium: (M) полоний (poloniy)
polo shirt: (F) рубашка поло (rubashka polo)
polyester: (M) полиэстер (poliester)
pond: (M) пруд (prud)
ponytail: (M) конский хвост (konskiy khvost)
poor: бедный (bednyy)
pop: (M) поп (pop)
popcorn: (M) попкорн (popkorn)
pork: (F) свинина (svinina)
porridge: (F) овсяная каша (ovsyanaya kasha)
portfolio: (N) портфолио (portfolio)
portrait: (M) портрет (portret)
Portugal: (F) Португалия (Portugaliya)
postcard: (F) открытка (otkrytka)
postman: (M) почтальон (pochtal'on)

post office: (F) почта (pochta)
pot: (M) горшок (gorshok)
potasalad: (M) картофельный салат (kartofel'nyy salat)
potassium: (M) калий (kaliy)
potato: (F) картошка (kartoshka)
potawedges: (PL) картофельные дольки (kartofel'nyye dol'ki)
pottery: (F) керамика (keramika)
pound: (M) фунт (funt)
powder: (M) порошок (poroshok)
powder puff: (F) пуховка (pukhovka)
power: (M) ток (tok)
power line: (F) линия электропередачи (liniya elektroperedachi)
power outlet: (F) розетка (rozetka)
practice: тренироваться (trenirovat'sya)
praseodymium: (M) празеодим (prazeodim)
pray: молиться (molit'sya)
praying mantis: (M) богомол (bogomol)
preface: (N) предисловие (predisloviye)
pregnancy test: (M) тест на беременность (test na beremennost')
present: (M) подарок (podarok)
presentation: (F) презентация (prezentatsiya)
president: (M) президент (prezident)
press: нажимать (nazhimat')
priest: (M) священник (svyashchennik)
primary school: (F) начальная школа (nachal'naya shkola)
prime minister: (M) премьер-министр (prem'yer-ministr)
print: печатать (pechatat')
printer: (M) принтер (printer)
prison: (F) тюрьма (tyur'ma)
professor: (M) профессор (professor)
profit: (F) прибыль (pribyl')
programmer: (M) программист (programmist)
projector: (M) проектор (proyektor)
promenade: (F) прогулка (progulka)
promethium: (M) прометий (prometiy)
prosecutor: (M) прокурор (prokuror)
prostate: (F) предстательная железа (predstatel'naya zheleza)
prostitute: (F) проститутка (prostitutka)
protactinium: (M) протактиний (protaktiniy)
proton: (M) протон (proton)
proud: гордый (gordyy)
province: (F) провинция (provintsiya)
psychiatry: (F) психиатрия (psikhiatriya)
psychoanalysis: (M) психоанализ (psikhoanaliz)
psychotherapy: (F) психотерапия (psikhoterapiya)
publisher: (M) издатель (izdatel')
puck: (F) шайба (shayba)
pudding: (M) пудинг (puding)
PuerRico: (N) Пуэрто-Рико (Puerto-Riko)
pull: потянуть (potyanut')
pulse: (M) пульс (pul's)
pumpkin: (F) тыква (tykva)
punk: (M) панк (pank)
pupil: (M) зрачок (zrachok)
purple: фиолетовый (fioletovyy)
purse: (M) кошелек (koshelek)
push: толкнуть (tolknut')

push-up: (PL) отжимания (otzhimaniya)
pushchair: (F) коляска (kolyaska)
put: класть (klast')
putty: (M) шпатель (shpatel')
puzzle: (F) головоломка (golovolomka)
pyjamas: (F) пижама (pizhama)
pyramid: (F) пирамида (piramida)

Q

Qatar: (M) Катар (Katar)
quarter of an hour: четверть часа (chetvert' chasa)
quartz: (M) кварц (kvarts)
question mark: (M) вопросительный знак (voprositel'nyy znak)
quick: быстрый (bystryy)
quickstep: (M) квикстеп (kvikstep)
quiet: тихий (tikhiy)
quote: цитировать (tsitirovat')

R

rabbi: (M) раввин (ravvin)
rabbit: (M) кролик (krolik)
raccoon: (M) енот (yenot)
racing bicycle: (M) гоночный велосипед (gonochnyy velosiped)
radar: (M) радар (radar)
radiator: (F) батарея (batareya)
radio: (N) радио (radio)
radiology: (F) радиология (radiologiya)
radish: (M) редис (redis)
radium: (M) радий (radiy)
radius: (M) радиус (radius)
radon: (M) радон (radon)
rafting: (M) рафтинг (rafting)
railtrack: (PL) рельсы (rel'sy)
rain: (M) дождь (dozhd')
rainbow: (F) радуга (raduga)
raincoat: (M) плащ (plashch)
rainforest: (M) тропический лес (tropicheskiy les)
rainy: дождливый (dozhdlivyy)
raisin: (M) изюм (izyum)
rake: (PL) грабли (grabli)
rally racing: (N) ралли (ralli)
Ramadan: (M) Рамадан (Ramadan)
ramen: (M) рамен (ramen)
random access memory (RAM): (F) оперативная память (ОЗУ) (operativnaya pamyat' (OZU))
rap: (M) рэп (rep)
rapeseed oil: (N) рапсовое масло (rapsovoye maslo)
rash: (F) сыпь (syp')
raspberry: (F) малина (malina)
rat: (F) крыса (krysa)
rattle: (F) погремушка (pogremushka)
raven: (M) ворон (voron)
raw: сырой (syroy)
razor: (F) бритва (britva)
razor blade: (N) лезвие бритвы (lezviye britvy)

read: читать (chitat')
reading room: (M) читальный зал (chital'nyy zal)
real-estate agent: (M) агент по недвижимости (agent po nedvizhimosti)
really: на самом деле (na samom dele)
rear light: (PL) задние фары (zadniye fary)
rear mirror: (N) зеркало заднего вида (zerkalo zadnego vida)
rear trunk: (M) багажник (bagazhnik)
receptionist: (M) секретарь в приемной (sekretar' v priyemnoy)
record player: (M) магнитофон (magnitofon)
rectangle: (M) прямоугольник (pryamougol'nik)
recycle bin: (F) корзина (korzina)
red: красный (krasnyy)
red panda: (F) красная панда (krasnaya panda)
Red Sea: (N) Красное море (Krasnoye more)
red wine: (N) красное вино (krasnoye vino)
reed: (M) тростник (trostnik)
referee: (M) арбитр (arbitr)
reggae: (M) регги (reggi)
region: (F) область (oblast')
relax: расслабься (rasslab'sya)
remote control: (N) дистанционное управление (distantsionnoye upravleniye)
reporter: (M) репортер (reporter)
Republic of the Congo: (F) Республика Конго (Respublika Kongo)
rescue: спасать (spasat')
research: (N) исследование (issledovaniye)
reservation: (M) предварительный заказ (predvaritel'nyy zakaz)
respiratory machine: (M) аппарат ИВЛ (apparat IVL)
rest: отдыхать (otdykhat')
restaurant: (M) ресторан (restoran)
result: (M) результат (rezul'tat)
retirement: (M) выход на пенсию (vykhod na pensiyu)
rhenium: (M) рений (reniy)
rhino: (M) носорог (nosorog)
rhodium: (M) родий (rodiy)
rhomboid: (M) ромбоид (romboid)
rhombus: (M) ромб (romb)
rhythmic gymnastics: (F) художественная гимнастика (khudozhestvennaya gimnastika)
rib: (N) ребро (rebro)
rice: (M) рис (ris)
rice cooker: (F) рисоварка (risovarka)
rich: богатый (bogatyy)
right: правый (pravyy)
right angle: (M) прямой угол (pryamoy ugol)
ring: (N) кольцо (kol'tso)
ring finger: (M) безымянный палец (bezymyannyy palets)
river: (F) река (reka)
road: (F) дорога (doroga)
road roller: (M) дорожный каток (dorozhnyy katok)
roast chicken: (M) жареный цыпленок (zharenyy tsyplenok)
roast pork: (F) жареная свинина (zharenaya svinina)
robot: (M) робот (robot)
rock: (M) рок (rok), (M) утес (utes)
rock 'n' roll: (M) рок-н-ролл (rok-n-roll)
rocket: (F) ракета (raketa)
rocking chair: (N) кресло-качалка (kreslo-kachalka)
roentgenium: (M) рентгений (rentgeniy)
roll: сворачивать (svorachivat')

roller coaster: (PL) американские горки (amerikanskiye gorki)
roller skating: (N) катание на роликовых коньках (kataniye na rolikovykh kon'kakh)
Romania: (F) Румыния (Rumyniya)
roof: (F) крыша (krysha)
roof tile: (F) черепица (cherepitsa)
room key: (M) ключ от комнаты (klyuch ot komnaty)
room number: (M) номер комнаты (nomer komnaty)
room service: (N) обслуживание номеров (obsluzhivaniye nomerov)
root: (M) корень (koren')
rose: (F) роза (roza)
rosemary: (M) розмарин (rozmarin)
round: круглый (kruglyy)
roundabout: (N) кольцевое движение (kol'tsevoye dvizheniye)
router: (M) роутер (router)
row: (M) ряд (ryad)
rowing: (F) гребля (greblya)
rowing boat: (F) гребная лодка (grebnaya lodka)
rubber: (M) ластик (lastik)
rubber band: (F) резинка (rezinka)
rubber boat: (F) надувная лодка (naduvnaya lodka)
rubber stamp: (M) штамп (shtamp)
rubidium: (M) рубидий (rubidiy)
ruby: (M) рубин (rubin)
rugby: (N) регби (regbi)
ruin: (PL) руины (ruiny)
ruler: (F) линейка (lineyka)
rum: (M) ром (rom)
rumba: (F) румба (rumba)
run: бежать (bezhat')
running: (M) бег (beg)
runway: (F) взлётная полоса (vzlotnaya polosa)
rush hour: (M) час пик (chas pik)
Russia: (F) Россия (Rossiya)
ruthenium: (M) рутений (ruteniy)
rutherfordium: (M) резерфордий (rezerfordiy)
Rwanda: (F) Руанда (Ruanda)

S

sad: грустный (grustnyy)
saddle: (N) седло (sedlo)
safe: безопасный (bezopasnyy), (M) сейф (seyf)
safety glasses: (PL) защитные очки (zashchitnyye ochki)
Sahara: (F) Сахара (Sakhara)
sail: (M) парус (parus)
sailing: (M) парусный спорт (parusnyy sport)
sailing boat: (M) парусник (parusnik)
Saint Kitts and Nevis: (M) Сент-Китс и Невис (Sent-Kits i Nevis)
Saint Lucia: (F) Сент-Люсия (Sent-Lyusiya)
Saint Vincent and the Grenadines: (M) Сент-Винсент и Гренадины (Sent-Vinsent i Grenadiny)
sake: (N) саке (sake)
salad: (M) салат (salat)
salami: (F) салями (salyami)
salary: (F) зарплата (zarplata)
sales: (PL) продажи (prodazhi)
salmon: (M) лосось (losos')

salsa: (F) сальса (sal'sa)
salt: (F) соль (sol')
salty: соленый (solenyy)
samarium: (M) самарий (samariy)
samba: (F) самба (samba)
Samoa: (N) Самоа (Samoa)
sand: (M) песок (pesok)
sandals: (PL) сандалии (sandalii)
sandbox: (F) песочница (pesochnitsa)
sandwich: (M) сэндвич (sendvich)
sanitary towel: (F) гигиеническая прокладка (gigiyenicheskaya prokladka)
San Marino: (M) Сан-Марино (San-Marino)
sapphire: (M) сапфир (sapfir)
sardine: (F) сардина (sardina)
satellite: (M) спутник (sputnik)
satellite dish: (F) спутниковая тарелка (sputnikovaya tarelka)
Saturday: (F) суббота (subbota)
Saturn: (M) Сатурн (Saturn)
Saudi Arabia: (F) Саудовская Аравия (Saudovskaya Araviya)
sauna: (F) сауна (sauna)
sausage: (F) колбаса (kolbasa)
savings: (PL) сбережения (sberezheniya)
saw: пилить (pilit'), (F) пила (pila)
saxophone: (M) саксофон (saksofon)
scaffolding: (PL) строительные леса (stroitel'nyye lesa)
scale: (PL) весы (vesy)
scalpel: (M) скальпель (skal'pel')
scan: сканировать (skanirovat')
scandium: (M) скандий (skandiy)
scanner: (M) сканер (skaner)
scarf: (M) шарф (sharf)
scholarship: (F) стипендия (stipendiya)
school: (F) школа (shkola)
schoolbag: (M) портфель (portfel')
school bus: (M) школьный автобус (shkol'nyy avtobus)
school uniform: (F) школьная форма (shkol'naya forma)
schoolyard: (M) школьный двор (shkol'nyy dvor)
science: (F) наука (nauka)
science fiction: (F) научная фантастика (nauchnaya fantastika)
scientist: (M) ученый (uchenyy)
scissors: (PL) ножницы (nozhnitsy)
scorpion: (M) скорпион (skorpion)
scrambled eggs: (F) яичница-болтунья (yaichnitsa-boltun'ya)
screen: (M) экран (ekran)
screwdriver: (F) отвертка (otvertka)
screw wrench: (M) разводной гаечный ключ (razvodnoy gayechnyy klyuch)
script: (M) текст (tekst)
scrollbar: (F) полоса прокрутки (polosa prokrutki)
scrotum: (F) мошонка (moshonka)
scrunchy: (F) резинка для волос (rezinka dlya volos)
sculpting: (N) ваяние (vayaniye)
sea: (N) море (more)
seaborgium: (M) сиборгий (siborgiy)
seafood: (PL) морепродукты (moreprodukty)
seagull: (F) чайка (chayka)
sea horse: (M) морской конек (morskoy konek)
seal: (M) тюлень (tyulen')

sea lion: (M) морской лев (morskoy lev)
seat: (N) место (mesto)
seatbelt: (M) ремень безопасности (remen' bezopasnosti)
seaweed: (F) водоросль (vodorosl')
second: (F) секунда (sekunda), (M) второй (vtoroy)
second-hand shop: (M) магазин секонд-хенд (magazin sekond-khend)
second basement floor: (M) второй подвальный этаж (vtoroy podval'nyy etazh)
secretary: (M) секретарь (sekretar')
security camera: (F) камера наблюдения (kamera nablyudeniya)
security guard: (M) охранник (okhrannik)
seed: (N) семя (semya)
see you later: увидимся позже (uvidimsya pozzhe)
selenium: (M) селен (selen)
sell: продавать (prodavat')
semicolon: (F) точка с запятой (tochka s zapyatoy)
Senegal: (M) Сенегал (Senegal)
September: (M) сентябрь (sentyabr')
Serbia: (F) Сербия (Serbiya)
server: (M) сервер (server)
sewage plant: (PL) очистные сооружения (ochistnyye sooruzheniya)
sewing machine: (F) швейная машина (shveynaya mashina)
sex: (M) секс (seks)
sexy: сексуальный (seksual'nyy)
Seychelles: (PL) Сейшельские острова (Seyshel'skiye ostrova)
shallow: мелкий (melkiy)
shampoo: (M) шампунь (shampun')
share: делиться (delit'sya), (F) акция (aktsiya)
share price: (F) цена акции (tsena aktsii)
shark: (F) акула (akula)
shaver: (F) электрическая бритва (elektricheskaya britva)
shaving foam: (F) пена для бритья (pena dlya brit'ya)
she: она (ona)
shed: (M) сарай (saray)
sheep: (F) овца (ovtsa)
shelf: (F) полка (polka)
shell: (F) ракушка (rakushka)
shinpad: (PL) щитки (shchitki)
ship: (M) корабль (korabl')
shirt: (F) рубашка (rubashka)
shiver: дрожать (drozhat')
shock absorber: (M) амортизатор (amortizator)
shoe cabinet: (M) шкаф для обуви (shkaf dlya obuvi)
shoot: стрелять (strelyat')
shooting: (M) стрелковый спорт (strelkovyy sport)
shop assistant: (M) продавец (prodavets)
shopping basket: (F) корзина (korzina)
shopping cart: (F) тележка для покупок (telezhka dlya pokupok)
shopping mall: (M) торговый центр (torgovyy tsentr)
shore: (M) берег (bereg)
short: короткий (korotkiy), низкий (nizkiy)
shorts: (PL) шорты (shorty)
short track: (M) шорт-трек (short-trek)
shot put: (N) толкание ядра (tolkaniye yadra)
shoulder: (N) плечо (plecho)
shoulder blade: (F) лопатка (lopatka)
shout: кричать (krichat')
shovel: (F) лопата (lopata)

shower: (M) душ (dush)
shower cap: (F) шапочка для душа (shapochka dlya dusha)
shower curtain: (F) душевая занавеска (dushevaya zanaveska)
shower gel: (M) гель для душа (gel' dlya dusha)
show jumping: (M) конкур (konkur)
shrink: уменьшаться (umen'shat'sya)
shuttlecock: (M) волан (volan)
shy: застенчивый (zastenchivyy)
siblings: (PL) братья и сестры (brat'ya i sestry)
sick: больной (bol'noy)
side dish: (M) гарнир (garnir)
side door: (F) боковая дверь (bokovaya dver')
side effect: (M) побочный эффект (pobochnyy effekt)
Sierra Leone: (N) Сьерра-Леоне (S'yerra-Leone)
signal: (M) сигнал (signal)
signature: (F) подпись (podpis')
silent: тихий (tikhiy)
silicon: (M) кремний (kremniy)
silk: (M) шелк (shelk)
silly: глупый (glupyy)
silver: (N) серебро (serebro)
silver medal: (F) серебряная медаль (serebryanaya medal')
sing: петь (pet')
Singapore: (M) Сингапур (Singapur)
singer: (M) певец (pevets)
single room: (M) одноместный номер (odnomestnyy nomer)
sink: (F) раковина (rakovina)
siren: (F) сирена (sirena)
sister-in-law: (F) золовка (zolovka)
sit: сидеть (sidet')
sit-ups: (M) подъем туловища (pod'yem tulovishcha)
skateboarding: (M) скейтбординг (skeytbording)
skates: (PL) коньки (kon'ki)
skeleton: (M) скелетон (skeleton), (M) скелет (skelet)
skewer: (M) шампур (shampur)
ski: (F) лыжа (lyzha)
skiing: (M) горнолыжный спорт (gornolyzhnyy sport)
ski jumping: (PL) прыжки с трамплина (pryzhki s tramplina)
skinny: тощий (toshchiy)
ski pole: (F) лыжная палка (lyzhnaya palka)
ski resort: (M) лыжный курорт (lyzhnyy kurort)
skirt: (F) юбка (yubka)
ski suit: (M) лыжный костюм (lyzhnyy kostyum)
skull: (M) череп (cherep)
skyscraper: (M) небоскреб (neboskreb)
sledge: (PL) салазки (salazki)
sleep: спать (spat')
sleeping bag: (M) спальный мешок (spal'nyy meshok)
sleeping mask: (F) маска для сна (maska dlya sna)
sleeping pill: (N) снотворное (snotvornoye)
sleeve: (M) рукав (rukav)
slide: (F) горка (gorka)
slim: тонкий (tonkiy)
slippers: (PL) домашние тапочки (domashniye tapochki)
slope: (M) склон (sklon)
Slovakia: (F) Словакия (Slovakiya)
Slovenia: (F) Словения (Sloveniya)

slow: медленный (medlennyy)
small: маленький (malen'kiy)
small intestine: (F) тонкая кишка (tonkaya kishka)
smartphone: (M) смартфон (smartfon)
smell: нюхать (nyukhat')
smile: улыбаться (ulybat'sya)
smoke: курить (kurit')
smoke detector: (M) детектор дыма (detektor dyma)
smoothie: (M) смузи (smuzi)
smoothing plane: (M) фуганок (fuganok)
snack: (F) закуска (zakuska)
snail: (F) улитка (ulitka)
snake: (F) змея (zmeya)
snare drum: (M) барабан (baraban)
snooker: (M) снукер (snuker)
snooker table: (M) бильярдный стол (bil'yardnyy stol)
snow: (M) снег (sneg)
snowboarding: (M) сноуборд (snoubord)
snowmobile: (M) снегоход (snegokhod)
soap: (N) мыло (mylo)
sober: трезвый (trezvyy)
social media: (PL) социальные сети (sotsial'nyye seti)
sock: (M) носок (nosok)
soda: (F) сода (soda)
sodium: (M) натрий (natriy)
sofa: (M) диван (divan)
soft: мягкий (myagkiy)
soil: (F) почва (pochva)
solar eclipse: (N) солнечное затмение (solnechnoye zatmeniye)
solar panel: (F) солнечная батарея (solnechnaya batareya)
soldier: (M) солдат (soldat)
sole: (F) подошва (podoshva)
solid: (N) твердое тело (tverdoye telo)
Solomon Islands: (PL) Соломоновы острова (Solomonovy ostrova)
Somalia: (N) Сомали (Somali)
son: (M) сын (syn)
son-in-law: (M) зять (zyat')
soother: (F) соска (soska)
sore throat: (F) боль в горле (bol' v gorle)
sorry: извините (izvinite)
soup: (M) суп (sup)
sour: кислый (kislyy)
sour cream: (F) сметана (smetana)
south: юг (yug)
South Africa: (F) Южная Африка (Yuzhnaya Afrika)
southern hemisphere: (N) Южное полушарие (Yuzhnoye polushariye)
South Korea: (F) Южная Корея (Yuzhnaya Koreya)
South Pole: (M) Южный полюс (Yuzhnyy polyus)
South Sudan: (M) Южный Судан (Yuzhnyy Sudan)
souvenir: (M) сувенир (suvenir)
soy: (F) соя (soya)
soy milk: (N) соевое молоко (soyevoye moloko)
space: (M) пробел (probel)
space shuttle: (M) космический шаттл (kosmicheskiy shattl)
space station: (F) космическая станция (kosmicheskaya stantsiya)
space suit: (M) скафандр (skafandr)
spaghetti: (N) спагетти (spagetti)

Spain: (F) Испания (Ispaniya)
Spanish: (M) испанский язык (ispanskiy yazyk)
sparkling wine: (N) игристое вино (igristoye vino)
speed limit: (N) ограничение скорости (ogranicheniye skorosti)
speedometer: (M) спидометр (spidometr)
speed skating: (M) конькобежный спорт (kon'kobezhnyy sport)
sperm: (F) сперма (sperma)
sphere: (F) сфера (sfera)
spider: (M) паук (pauk)
spinach: (M) шпинат (shpinat)
spinal cord: (M) спинной мозг (spinnoy mozg)
spine: (M) позвоночник (pozvonochnik)
spirit level: (M) спиртовой уровень (spirtovoy uroven')
spit: плевать (plevat')
spleen: (F) селезенка (selezenka)
sponge: (F) губка (gubka)
spoon: (F) ложка (lozhka)
sports ground: (F) спортивная площадка (sportivnaya ploshchadka)
sports shop: (M) спортивный магазин (sportivnyy magazin)
spray: (M) спрей (sprey)
spring: (F) весна (vesna)
spring onion: (M) зеленый лук (zelenyy luk)
spring roll: (M) спринг ролл (spring roll)
sprint: (M) спринт (sprint)
square: квадратный (kvadratnyy), (M) квадрат (kvadrat), (F) площадь (ploshchad')
square meter: (M) квадратный метр (kvadratnyy metr)
squat: (N) приседание (prisedaniye)
squid: (M) кальмар (kal'mar)
squirrel: (F) белка (belka)
Sri Lanka: (F) Шри-Ланка (Shri-Lanka)
staff: (M) персонал (personal)
stage: (F) сцена (stsena)
stairs: (F) лестница (lestnitsa)
stalk: (M) стебель (stebel')
stamp: (F) почтовая марка (pochtovaya marka)
stand: стоять (stoyat')
stapler: (M) стэплер (stepler)
star: (F) звезда (zvezda)
stare: пристально смотреть (pristal'no smotret')
starfish: (F) морская звезда (morskaya zvezda)
starter: (N) первое блюдо (pervoye blyudo)
state: (N) государство (gosudarstvo)
steak: (M) стейк (steyk)
steal: красть (krast')
steam train: (M) паровоз (parovoz)
steel: (F) сталь (stal')
steel beam: (F) стальная балка (stal'naya balka)
steep: крутой (krutoy)
steering wheel: (M) руль (rul')
stepdaughter: (F) падчерица (padcheritsa)
stepfather: (M) отчим (otchim)
stepmother: (F) мачеха (machekha)
stepson: (M) пасынок (pasynok)
stethoscope: (M) стетоскоп (stetoskop)
stewardess: (F) стюардесса (styuardessa)
stockbroker: (M) биржевой брокер (birzhevoy broker)
stock exchange: (F) фондовая биржа (fondovaya birzha)

stocking: (M) чулок (chulok)
stomach: (M) желудок (zheludok)
stomach ache: (F) боль в животе (bol' v zhivote)
stool: (M) табурет (taburet)
stopwatch: (M) секундомер (sekundomer)
stork: (M) аист (aist)
storm: (F) буря (burya)
straight: прямой (pryamoy), (PL) прямые волосы (pryamyye volosy)
straight line: (F) прямая линия (pryamaya liniya)
strange: странный (strannyy)
strawberry: (F) клубника (klubnika)
stream: (M) ручей (ruchey)
street food: (F) уличная еда (ulichnaya yeda)
street light: (N) уличное освещение (ulichnoye osveshcheniye)
stress: (M) стресс (stress)
stretching: (F) растяжка (rastyazhka)
strict: строгий (strogiy)
stroke: (M) инсульт (insul't)
strong: сильный (sil'nyy)
strontium: (M) стронций (strontsiy)
study: учиться (uchit'sya)
stupid: глупый (glupyy)
submarine: (F) подводная лодка (podvodnaya lodka)
subtraction: (N) вычитание (vychitaniye)
suburb: (M) пригород (prigorod)
subway: (N) метро (metro)
Sudan: (M) Судан (Sudan)
suddenly: вдруг (vdrug)
Sudoku: (N) судоку (sudoku)
sugar: (M) сахар (sakhar)
sugar beet: (F) сахарная свекла (sakharnaya svekla)
sugar cane: (M) сахарный тростник (sakharnyy trostnik)
sugar melon: (F) дыня (dynya)
suit: (M) костюм (kostyum)
sulphur: (F) сера (sera)
summer: (N) лето (leto)
sun: (N) солнце (solntse)
sunburn: (M) солнечный ожог (solnechnyy ozhog)
Sunday: (N) воскресенье (voskresen'ye)
sunflower: (M) подсолнух (podsolnukh)
sunflower oil: (N) подсолнечное масло (podsolnechnoye maslo)
sunglasses: (PL) солнечные очки (solnechnyye ochki)
sun hat: (F) широкополая шляпа (shirokopolaya shlyapa)
sunny: солнечный (solnechnyy)
sunscreen: (M) солнцезащитный крем (solntsezashchitnyy krem)
sunshine: (M) солнечный свет (solnechnyy svet)
supermarket: (M) супермаркет (supermarket)
surfboard: (F) доска для серфинга (doska dlya serfinga)
surfing: (M) серфинг (serfing)
surgeon: (M) хирург (khirurg)
surgery: (F) хирургия (khirurgiya)
Suriname: (M) Суринам (Surinam)
surprised: удивленный (udivlennyy)
sushi: (N) суши (sushi)
suspect: (M) подозреваемый (podozrevayemyy)
suture: (M) хирургический шов (khirurgicheskiy shov)
swallow: глотать (glotat')

swan: (M) лебедь (lebed')
Swaziland: (M) Свазиленд (Svazilend)
sweatband: (M) напульсник (napul'snik)
sweater: (M) свитер (sviter)
sweatpants: (PL) спортивные штаны (sportivnyye shtany)
Sweden: (F) Швеция (Shvetsiya)
sweet: сладкий (sladkiy)
sweet potato: (M) сладкий картофель (sladkiy kartofel')
swim: плавать (plavat')
swim cap: (F) шапочка для плавания (shapochka dlya plavaniya)
swim goggles: (PL) очки для плавания (ochki dlya plavaniya)
swimming: (N) плавание (plavaniye)
swimming pool: (M) бассейн (basseyn)
swimsuit: (M) купальник (kupal'nik)
swim trunks: (PL) плавки (plavki)
swing: (PL) качели (kacheli)
Switzerland: (F) Швейцария (Shveytsariya)
symphony: (F) симфония (simfoniya)
synagogue: (F) синагога (sinagoga)
synchronized swimming: (N) синхронное плавание (sinkhronnoye plavaniye)
Syria: (F) Сирия (Siriya)
syringe: (M) шприц (shprits)
São Tomé and Príncipe: (M) Сан-Томе и Принсипи (San-Tome i Prinsipi)

T

T-shirt: (F) футболка (futbolka)
table: (M) стол (stol)
tablecloth: (F) скатерть (skatert')
table of contents: (N) содержание (soderzhaniye)
table tennis: (M) настольный теннис (nastol'nyy tennis)
table tennis table: (M) стол для настольного тенниса (stol dlya nastol'nogo tennisa)
taekwondo: (N) тхэквондо (tkhekvondo)
tailor: (M) портной (portnoy)
Taiwan: (M) Тайвань (Tayvan')
Tajikistan: (M) Таджикистан (Tadzhikistan)
take: брать (brat')
take a shower: принимать душ (prinimat' dush)
take care: береги себя (beregi sebya)
talk: говорить (govorit')
tall: высокий (vysokiy)
tambourine: (M) бубен (buben)
tampon: (M) тампон (tampon)
tandem: (M) тандем (tandem)
tangent: (M) тангенс (tangens)
tango: (N) танго (tango)
tank: (M) танк (tank)
tantalum: (M) тантал (tantal)
Tanzania: (F) Танзания (Tanzaniya)
tap: (M) кран (kran)
tape measure: (F) сантиметровая лента (santimetrovaya lenta), (F) рулетка (ruletka)
tapir: (M) тапир (tapir)
tap water: (F) водопроводная вода (vodoprovodnaya voda)
tar: (M) деготь (degot')
tarantula: (M) тарантул (tarantul)
tattoo: (N) тату (tatu)

tax: (M) налог (nalog)
taxi: (N) такси (taksi)
taxi driver: (M) водитель такси (voditel' taksi)
tea: (M) чай (chay)
teacher: (M) учитель (uchitel')
teapot: (M) заварочный чайник (zavarochnyy chaynik)
technetium: (M) технеций (tekhnetsiy)
telephone: (M) телефон (telefon)
telephone number: (M) номер телефона (nomer telefona)
telescope: (M) телескоп (teleskop)
tellurium: (M) теллур (tellur)
temperature: (F) температура (temperatura)
temple: (M) висок (visok), (M) храм (khram)
tendon: (N) сухожилие (sukhozhiliye)
tennis: (M) теннис (tennis)
tennis ball: (M) теннисный мяч (tennisnyy myach)
tennis court: (M) теннисный корт (tennisnyy kort)
tennis racket: (F) теннисная ракетка (tennisnaya raketka)
tent: (F) палатка (palatka)
tequila: (F) текила (tekila)
terbium: (M) тербий (terbiy)
term: (M) семестр (semestr)
termite: (M) термит (termit)
terrace: (F) терраса (terrasa)
territory: (F) территория (territoriya)
testament: (N) завещание (zaveshchaniye)
testicle: (N) яичко (yaichko)
Tetris: (M) тетрис (tetris)
text: (M) текст (tekst)
textbook: (M) учебник (uchebnik)
text message: (N) текстовое сообщение (tekstovoye soobshcheniye)
Thailand: (M) Таиланд (Tailand)
thallium: (M) таллий (talliy)
Thanksgiving: (M) День благодарения (Den' blagodareniya)
thank you: спасибо (spasibo)
that: что (chto)
theatre: (M) театр (teatr)
The Bahamas: (PL) Багамские острова (Bagamskiye ostrova)
the day after tomorrow: послезавтра (poslezavtra)
the day before yesterday: позавчера (pozavchera)
The Gambia: (F) Гамбия (Gambiya)
their company: их компания (ikh kompaniya)
theme park: (M) тематический парк (tematicheskiy park)
then: тогда (togda)
theory of relativity: (F) теория относительности (teoriya otnositel'nosti)
there: там (tam)
thermal underwear: (N) термобелье (termobel'ye)
thermos jug: (M) термос (termos)
thesis: (M) тезис (tezis)
The United States of America: (PL) Соединенные Штаты Америки (Soyedinennyye Shtaty Ameriki)
they: они (oni)
thief: (M) вор (vor)
think: думать (dumat')
third: (M) третий (tretiy)
thirsty: жаждущий (zhazhdushchiy)
this: это (eto)
this month: в этом месяце (v etom mesyatse)

this week: на этой неделе (na etoy nedele)
this year: в этом году (v etom godu)
thong: (PL) стринги (stringi)
thorium: (M) торий (toriy)
threaten: угрожать (ugrozhat')
three quarters of an hour: три четверти часа (tri chetverti chasa)
thriller: (M) триллер (triller)
throttle: (F) дроссельная заслонка (drossel'naya zaslonka)
throw: бросать (brosat')
thulium: (M) тулий (tuliy)
thumb: (M) большой палец (bol'shoy palets)
thunder: (M) гром (grom)
thunderstorm: (F) гроза (groza)
Thursday: (M) четверг (chetverg)
thyme: (M) тимьян (tim'yan)
ticket: (M) билет (bilet)
ticket office: (F) билетная касса (biletnaya kassa)
ticket vending machine: (M) автомат по продаже билетов (avtomat po prodazhe biletov)
tidal wave: (F) приливная волна (prilivnaya volna)
tie: (M) галстук (galstuk)
tiger: (M) тигр (tigr)
tile: (F) кафельная плитка (kafel'naya plitka)
timetable: (N) расписание (raspisaniye)
tin: (N) олово (olovo), (F) консервная банка (konservnaya banka)
tip: (PL) чаевые (chayevyye)
tired: уставший (ustavshiy)
tissue: (F) бумажная салфетка (bumazhnaya salfetka)
titanium: (M) титан (titan)
toaster: (M) тостер (toster)
tobacco: (M) табак (tabak)
today: сегодня (segodnya)
toe: (M) палец на ноге (palets na noge)
tofu: (M) тофу (tofu)
together: вместе (vmeste)
Togo: (N) Того (Togo)
toilet: (M) туалет (tualet)
toilet brush: (F) щетка для унитаза (shchetka dlya unitaza)
toilet paper: (F) туалетная бумага (tualetnaya bumaga)
toll: (PL) пошлины (poshliny)
tomasauce: (M) кетчуп (ketchup)
tomato: (M) помидор (pomidor)
tomorrow: завтра (zavtra)
ton: (F) тонна (tonna)
Tonga: (F) Тонга (Tonga)
tongue: (M) язык (yazyk)
tooth: (M) зуб (zub)
toothache: (F) зубная боль (zubnaya bol')
toothbrush: (F) зубная щетка (zubnaya shchetka)
toothpaste: (F) зубная паста (zubnaya pasta)
torch: (M) фонарик (fonarik)
tornado: (N) торнадо (tornado)
tortoise: (F) черепаха (cherepakha)
touch: трогать (trogat')
tour guide: (M) экскурсовод (ekskursovod)
tourist attraction: (F) туристическая достопримечательность (turisticheskaya dostoprimechatel'nost')
tourist guide: (M) справочник туриста (spravochnik turista)
tourist information: (F) информация для туристов (informatsiya dlya turistov)

towel: (N) полотенце (polotentse)
town hall: (F) ратуша (ratusha)
toy shop: (M) магазин игрушек (magazin igrushek)
track cycling: (M) трековый велоспорт (trekovyy velosport)
tracksuit: (M) спортивный костюм (sportivnyy kostyum)
tractor: (M) трактор (traktor)
traffic jam: (F) пробка (probka)
traffic light: (M) светофор (svetofor)
trailer: (M) прицеп (pritsep)
train: (M) поезд (poyezd)
train driver: (M) машинист (mashinist)
trainers: (PL) кроссовки (krossovki)
train station: (F) железнодорожная станция (zheleznodorozhnaya stantsiya)
tram: (M) трамвай (tramvay)
trampoline: (M) батут (batut)
trapezoid: (F) трапеция (trapetsiya)
travel: путешествовать (puteshestvovat')
travel agent: (M) тур-агент (tur-agent)
treadmill: (F) беговая дорожка (begovaya dorozhka)
tree: (N) дерево (derevo)
tree house: (M) дом на дереве (dom na dereve)
triangle: (M) музыкальный треугольник (muzykal'nyy treugol'nik), (M) треугольник (treugol'nik)
triathlon: (M) триатлон (triatlon)
Trinidad and Tobago: (M) Тринидад и Тобаго (Trinidad i Tobago)
triple jump: (M) тройной прыжок (troynoy pryzhok)
triplets: (PL) тройняшки (troynyashki)
tripod: (M) штатив (shtativ)
trombone: (M) тромбон (trombon)
tropics: (PL) тропики (tropiki)
trousers: (PL) брюки (bryuki)
truffle: (M) трюфель (tryufel')
trumpet: (F) труба (truba)
trunk: (M) ствол (stvol)
tuba: (F) туба (tuba)
Tuesday: (M) вторник (vtornik)
tulip: (M) тюльпан (tyul'pan)
tuna: (M) тунец (tunets)
tungsten: (M) вольфрам (vol'fram)
Tunisia: (M) Тунис (Tunis)
Turkey: (F) Турция (Turtsiya)
turkey: (M) индюк (indyuk), (F) индюшатина (indyushatina)
Turkmenistan: (M) Туркменистан (Turkmenistan)
turnip cabbage: (F) кольраби (kol'rabi)
turn left: поверни налево (poverni nalevo)
turn off: выключать (vyklyuchat')
turn on: включать (vklyuchat')
turn right: поверни направо (poverni napravo)
turtle: (F) черепаха (cherepakha)
Tuvalu: (N) Тувалу (Tuvalu)
TV: (N) ТВ (TV)
TV series: (M) телесериал (teleserial)
TV set: (M) телевизор (televizor)
tweezers: (M) пинцет (pintset)
twins: (PL) двойняшки (dvoynyashki)
twisting: крученый (kruchenyy)
two o'clock in the afternoon: два часа дня (dva chasa dnya)
typhoon: (M) тайфун (tayfun)

tyre: (F) шина (shina)

U

Uganda: (F) Уганда (Uganda)
ugly: уродливый (urodlivyy)
Ukraine: (F) Украина (Ukraina)
ukulele: (N) укулеле (ukulele)
ultrasound machine: (M) ультразвуковой аппарат (ul'trazvukovoy apparat)
umbrella: (M) зонтик (zontik)
uncle: (M) дядя (dyadya)
underpants: (PL) трусы (trusy)
underpass: (M) подземный пешеходный переход (podzemnyy peshekhodnyy perekhod)
underscore: (N) нижнее подчеркивание (nizhneye podcherkivaniye)
undershirt: (F) майка (mayka)
unfair: несправедливый (nespravedlivyy)
uniform: (F) униформа (uniforma)
United Arab Emirates: (PL) Объединенные Арабские Эмираты (Ob'yedinennyye Arabskiye Emiraty)
United Kingdom: (F) Великобритания (Velikobritaniya)
university: (M) университет (universitet)
uranium: (M) уран (uran)
Uranus: (M) Уран (Uran)
url: (M) URL (URL)
urn: (F) урна (urna)
urology: (F) урология (urologiya)
Uruguay: (M) Уругвай (Urugvay)
USB stick: (F) флешка (fleshka)
uterus: (F) матка (matka)
utility knife: (M) универсальный нож (universal'nyy nozh)
Uzbekistan: (M) Узбекистан (Uzbekistan)

V

vacuum: пылесосить (pylesosit')
vacuum cleaner: (M) пылесос (pylesos)
vagina: (N) влагалище (vlagalishche)
valley: (F) долина (dolina)
vanadium: (M) ванадий (vanadiy)
vanilla: (F) ваниль (vanil')
vanilla sugar: (M) ванильный сахар (vanil'nyy sakhar)
Vanuatu: (N) Вануату (Vanuatu)
varnish: (M) лак (lak)
vase: (F) ваза (vaza)
Vatican City: (M) Ватикан (Vatikan)
veal: (F) телятина (telyatina)
vector: (M) вектор (vektor)
vein: (F) вена (vena)
Venezuela: (F) Венесуэла (Venesuela)
Venus: (F) Венера (Venera)
vertebra: (M) позвонок (pozvonok)
very: очень (ochen')
vet: (M) ветеринарный врач (veterinarnyy vrach)
Viennese waltz: (M) венский вальс (venskiy val's)
Vietnam: (M) Вьетнам (V'yetnam)
village: (F) деревня (derevnya)
vinegar: (M) уксус (uksus)

viola: (M) альт (al't)
violin: (F) скрипка (skripka)
virus: (M) вирус (virus)
visa: (F) виза (viza)
visiting hours: (M) график посещения (grafik poseshcheniya)
visitor: (M) посетитель (posetitel')
vitamin: (M) витамин (vitamin)
vocational training: (N) профессиональное обучение (professional'noye obucheniye)
vodka: (F) водка (vodka)
voice message: (N) голосовое сообщение (golosovoye soobshcheniye)
volcano: (M) вулкан (vulkan)
volleyball: (M) волейбол (voleybol)
volt: (M) вольт (vol't)
volume: (M) объем (ob'yem)
vomit: тошнить (toshnit')
vote: голосовать (golosovat')

W

waffle: (F) вафля (vaflya)
waist: (F) талия (taliya)
wait: ждать (zhdat')
waiter: (M) официант (ofitsiant)
waiting room: (M) зал ожидания (zal ozhidaniya)
walk: гулять (gulyat')
walkie-talkie: (F) переносная рация (perenosnaya ratsiya)
wall: (F) стена (stena)
wallet: (M) бумажник (bumazhnik)
walnut: (M) грецкий орех (gretskiy orekh)
walrus: (M) морж (morzh)
waltz: (M) вальс (val's)
wardrobe: (M) гардероб (garderob)
warehouse: (M) склад (sklad)
warm: теплый (teplyy)
warm-up: (F) разминка (razminka)
warn: предупреждать (preduprezhdat')
warning light: (F) лампа аварийной сигнализации (lampa avariynoy signalizatsii)
warranty: (F) гарантия (garantiya)
wash: мыть (myt')
washing machine: (F) стиральная машина (stiral'naya mashina)
washing powder: (M) стиральный порошок (stiral'nyy poroshok)
wasp: (F) оса (osa)
watch: смотреть (smotret'), (PL) часы (chasy)
water: (F) вода (voda)
water bottle: (F) фляга (flyaga)
water can: (F) лейка (leyka)
waterfall: (M) водопад (vodopad)
water melon: (M) арбуз (arbuz)
water park: (M) аквапарк (akvapark)
water polo: (N) водное поло (vodnoye polo)
waterskiing: (PL) водные лыжи (vodnyye lyzhi)
water slide: (F) водная горка (vodnaya gorka)
watt: (M) ватт (vatt)
we: мы (my)
weak: слабый (slabyy)
webcam: (F) веб-камера (veb-kamera)

website: (M) веб-сайт (veb-sayt)
wedding: (F) свадьба (svad'ba)
wedding cake: (M) свадебный торт (svadebnyy tort)
wedding dress: (N) свадебное платье (svadebnoye plat'ye)
wedding ring: (N) обручальное кольцо (obruchal'noye kol'tso)
Wednesday: (F) среда (sreda)
weed: (M) сорняк (sornyak)
week: (F) неделя (nedelya)
weightlifting: (F) тяжелая атлетика (tyazhelaya atletika)
welcome: добро пожаловать (dobro pozhalovat')
well-behaved: воспитанный (vospitannyy)
wellington boots: (PL) резиновые сапоги (rezinovyye sapogi)
west: запад (zapad)
western film: (M) вестерн (vestern)
wet: влажный (vlazhnyy)
wetsuit: (M) гидрокостюм (gidrokostyum)
whale: (M) кит (kit)
what: что (chto)
What's your name?: Как тебя зовут? (Kak tebya zovut?)
wheat: (F) пшеница (pshenitsa)
wheelbarrow: (F) тачка (tachka)
wheelchair: (F) инвалидная коляска (invalidnaya kolyaska)
when: когда (kogda)
where: где (gde)
Where is the toilet?: Где здесь туалет? (Gde zdes' tualet?)
which: какой (kakoy)
whip: (M) кнут (knut)
whipped cream: (PL) взбитые сливки (vzbityye slivki)
whiskey: (N) виски (viski)
whisper: шептать (sheptat')
white: белый (belyy)
white wine: (N) белое вино (beloye vino)
who: кто (kto)
why: зачем (zachem)
widow: (F) вдова (vdova)
widower: (M) вдовец (vdovets)
width: (F) ширина (shirina)
wife: (F) жена (zhena)
wig: (M) парик (parik)
willow: (F) ива (iva)
win: побеждать (pobezhdat')
wind: (M) ветер (veter)
wind farm: (F) ветряная электростанция (vetryanaya elektrostantsiya)
window: (N) окно (okno), (N) место у окна (mesto u okna)
windpipe: (F) трахея (trakheya)
windscreen: (N) ветровое стекло (vetrovoye steklo)
windscreen wiper: (PL) дворники (dvorniki)
windsurfing: (M) виндсёрфинг (vindsorfing)
windy: ветреный (vetrenyy)
wine: (N) вино (vino)
wing: (N) крыло (krylo)
wing mirror: (N) боковое зеркало (bokovoye zerkalo)
winter: (F) зима (zima)
wire: (M) провод (provod)
witness: (M) свидетель (svidetel')
wolf: (M) волк (volk)
woman: (F) женщина (zhenshchina)

womb: (F) матка (matka)
wooden beam: (F) деревянная балка (derevyannaya balka)
wooden spoon: (F) деревянная ложка (derevyannaya lozhka)
woodwork: (N) изделие из дерева (izdeliye iz dereva)
wool: (F) шерсть (sherst')
work: работать (rabotat')
workroom: (N) рабочее помещение (rabocheye pomeshcheniye)
world record: (M) мировой рекорд (mirovoy rekord)
worried: обеспокоенный (obespokoyennyy)
wound: (F) рана (rana)
wrestling: (F) борьба (bor'ba)
wrinkle: (F) морщина (morshchina)
wrist: (N) запястье (zapyast'ye)
write: писать (pisat')
wrong: неправильный (nepravil'nyy)

X

X-ray photograph: (M) рентгеновский снимок (rentgenovskiy snimok)
xenon: (M) ксенон (ksenon)
xylophone: (M) ксилофон (ksilofon)

Y

yacht: (F) яхта (yakhta)
yard: (M) ярд (yard)
year: (M) год (god)
yeast: (PL) дрожжи (drozhzhi)
yellow: желтый (zheltyy)
Yemen: (M) Йемен (Yyemen)
yen: (F) иена (iyena)
yesterday: вчера (vchera)
yoga: (F) йога (yoga)
yoghurt: (M) йогурт (yogurt)
yolk: (M) желток (zheltok)
you: ты (ty), вы (vy)
young: молодой (molodoy)
your cat: твоя кошка (tvoya koshka)
your team: ваша команда (vasha komanda)
ytterbium: (M) иттербий (itterbiy)
yttrium: (M) иттрий (ittriy)
yuan: (M) юань (yuan')

Z

Zambia: (F) Замбия (Zambiya)
zebra: (F) зебра (zebra)
Zimbabwe: (N) Зимбабве (Zimbabve)
zinc: (M) цинк (tsink)
zip code: (M) почтовый индекс (pochtovyy indeks)
zipper: (F) молния (molniya)
zirconium: (M) цирконий (tsirkoniy)
zoo: (M) зоопарк (zoopark)

Russian - English

A

abrikos (абрикос): apricot
adres (адрес): address
adres elektronnoy pochty (адрес электронной почты): e-mail address
advokat (адвокат): lawyer
aerobika (аэробика): aerobics
aeroport (аэропорт): airport
Afganistan (Афганистан): Afghanistan
agent po nedvizhimosti (агент по недвижимости): real-estate agent
aist (аист): stork
akatsiya (акация): acacia
akhillovo sukhozhiliye (ахиллово сухожилие): Achilles tendon
akkordeon (аккордеон): accordion
akkumulyator (аккумулятор): battery
akter (актер): actor
aktiniy (актиний): actinium
aktsiya (акция): share
akula (акула): shark
akusherka (акушерка): midwife
akvapark (аквапарк): water park
akvarium (аквариум): aquarium
al'pinizm (альпинизм): mountaineering
al't (альт): viola
Albaniya (Албания): Albania
alfavit (алфавит): alphabet
allergiya (аллергия): allergy
alleya (аллея): alley
almaz (алмаз): diamond
alyuminiy (алюминий): aluminium
Alzhir (Алжир): Algeria
Amazonka (Амазонка): Amazon
ambulatornyy bol'noy (амбулаторный больной): outpatient
amerikanskiye gorki (американские горки): roller coaster
amerikanskiy futbol (американский футбол): American football
Amerikanskoye Samoa (Американское Самоа): American Samoa
ameritsiy (америций): americium
amortizator (амортизатор): shock absorber
amper (ампер): ampere
analiz krovi (анализ крови): blood test
ananas (ананас): pineapple
Andorra (Андорра): Andorra
Andy (Анды): Andes
angel (ангел): angel
angliyskiy yazyk (английский язык): English
Angola (Ангола): Angola
anorak (анорак): anorak
antibiotiki (антибиотики): antibiotics
Antigua i Barbuda (Антигуа и Барбуда): Antigua and Barbuda
antiseptik (антисептик): antiseptic
anus (анус): anus
apel'sin (апельсин): orange
apel'sinovyy sok (апельсиновый сок): orange juice
apostrof (апостроф): apostrophe

apparat IVL (аппарат ИВЛ): respiratory machine
aprel' (апрель): April
apteka (аптека): pharmacy
arabskiy yazyk (арабский язык): Arabic
arakhis (арахис): peanut
arakhisovoye maslo (арахисовое масло): peanut oil, peanut butter
arbitr (арбитр): referee
arbuz (арбуз): water melon
arendodatel' (арендодатель): landlord
arfa (арфа): harp
Argentina (Аргентина): Argentina
argon (аргон): argon
arifmetika (арифметика): arithmetic
arkhitektor (архитектор): architect
Armeniya (Армения): Armenia
aromaterapiya (ароматерапия): aromatherapy
arteriya (артерия): artery
artishok (артишок): artichoke
Aruba (Аруба): Aruba
asfal't (асфальт): asphalt
aspirin (аспирин): aspirin
astatin (астатин): astatine
asteroid (астероид): asteroid
astma (астма): asthma
atakovat' (атаковать): to attack
Atlanticheskiy okean (Атлантический океан): Atlantic Ocean
atmosfera (атмосфера): atmosphere
atom (атом): atom
atomnaya elektrostantsiya (атомная электростанция): nuclear power plant
atomnyy nomer (атомный номер): atomic number
avariya (авария): accident
avgust (август): August
aviadispetcher (авиадиспетчер): air traffic controller
aviakompaniya (авиакомпания): airline
avianosets (авианосец): aircraft carrier
avokado (авокадо): avocado
Avstraliya (Австралия): Australia
avstraliyskiy futbol (австралийский футбол): Australian football
Avstriya (Австрия): Austria
avtobus (автобус): bus
avtobusnaya ostanovka (автобусная остановка): bus stop
avtogonki (автогонки): car racing
avtokran (автокран): crane truck
avtomagistral' (автомагистраль): motorway
avtomaticheskaya korobka peredach (автоматическая коробка передач): automatic
avtomat po prodazhe biletov (автомат по продаже билетов): ticket vending machine
avtomobil' (автомобиль): car
avtomobil'naya moyka (автомобильная мойка): car wash
avtomobil'naya stoyanka (автомобильная стоянка): car park
avtor (автор): author
Azerbaydzhan (Азербайджан): Azerbaijan
azot (азот): nitrogen

B

babochka (бабочка): butterfly

babushka (бабушка): grandmother
badminton (бадминтон): badminton
Bagamskiye ostrova (Багамские острова): The Bahamas
bagazh (багаж): luggage
bagazhnik (багажник): rear trunk
bakalavr (бакалавр): bachelor
Bakhreyn (Бахрейн): Bahrain
baklazhan (баклажан): aubergine
bakteriya (бактерия): bacterium
bal'nyy tanets (бальный танец): Ballroom dance
bal'zam dlya gub (бальзам для губ): lip balm
balet (балет): ballet
baletnaya obuv' (балетная обувь): ballet shoes
balkon (балкон): balcony
bambuk (бамбук): bamboo
bamper (бампер): bumper
banan (банан): banana
bandzhi-dzhamping (банджи-джампинг): bungee jumping
Bangladesh (Бангладеш): Bangladesh
banknota (банкнота): note
bankomat (банкомат): cash machine
bankovskiy perevod (банковский перевод): bank transfer
bankovskiy schot (банковский счёт): bank account
bannoye polotentse (банное полотенце): bath towel
bannyy khalat (банный халат): bathrobe
bar'yernyy beg (барьерный бег): hurdles
bar (бар): bar
baraban (барабан): snare drum
barabany (барабаны): drums
Barbados (Барбадос): Barbados
barbekyu (барбекю): barbecue
bariy (барий): barium
barmen (бармен): barkeeper
bas-gitara (бас-гитара): bass guitar
basketbol'naya korzina (баскетбольная корзина): basket
basketbol'nyy myach (баскетбольный мяч): basketball
basketbol (баскетбол): basketball
basseyn (бассейн): swimming pool
batareya (батарея): radiator
batut (батут): trampoline
baza dannykh (база данных): database
bazilik (базилик): basil
bednyy (бедный): poor
beg (бег): running
begemot (бегемот): hippo
begovaya dorozhka (беговая дорожка): treadmill
bekon (бекон): bacon
Bel'giya (Бельгия): Belgium
Belarus' (Беларусь): Belarus
Beliz (Белиз): Belize
belka (белка): squirrel
beloye vino (белое вино): white wine
belyy (белый): white
belyy medved' (белый медведь): polar bear
Benin (Бенин): Benin
benzin (бензин): petrol
benzopila (бензопила): chainsaw

bereg (берег): shore
beregi sebya (береги себя): take care
bereza (береза): birch
berilliy (бериллий): beryllium
berkeliy (беркелий): berkelium
berushi (беруши): earplug
beton (бетон): concrete
betonomeshalka (бетономешалка): concrete mixer, cement mixer
beysbol (бейсбол): baseball
beysbolka (бейсболка): baseball cap
bezhat' (бежать): to run
bezhevyy (бежевый): beige
bezopasnyy (безопасный): safe
bezymyannyy palets (безымянный палец): ring finger
biatlon (биатлон): biathlon
biblioteka (библиотека): library
bibliotekar' (библиотекарь): librarian
bikini (бикини): bikini
bil'yard (бильярд): billiards
bil'yardnyy stol (бильярдный стол): snooker table
bilet (билет): ticket
biletnaya kassa (билетная касса): ticket office
biologiya (биология): biology
Birma (Бирма): Burma
birzhevoy broker (биржевой брокер): stockbroker
bita (бита): bat
biznes-klass (бизнес-класс): business class
biznes-shkola (бизнес-школа): business school
bizon (бизон): bison
blednyy (бледный): pale
blesk dlya gub (блеск для губ): lip gloss
bleyzer (блейзер): blazer
blin (блин): crêpe, pancake
blizkiy (близкий): close
blyuz (блюз): blues
bobsley (бобслей): bobsleigh
bodibilding (бодибилдинг): bodybuilding
bogatyy (богатый): rich
bogomol (богомол): praying mantis
bokovaya dver' (боковая дверь): side door
bokovoye zerkalo (боковое зеркало): wing mirror
boks (бокс): boxing
bokserskaya perchatka (боксерская перчатка): boxing glove
bokserskiy ring (боксерский ринг): boxing ring
bol'nitsa (больница): hospital
bol'noy (больной): sick
bol'she (больше): more
bol'shoy (большой): big
bol'shoy palets (большой палец): thumb
bol' v gorle (боль в горле): sore throat
bol' v zhivote (боль в животе): stomach ache
boleutolyayushcheye sredstvo (болеутоляющее средство): painkiller
Bolgariya (Болгария): Bulgaria
Boliviya (Боливия): Bolivia
bolota (болота): marsh
bor'ba (борьба): wrestling
bor (бор): boron

boriy (борий): bohrium
boroda (борода): beard
borot'sya (бороться): to fight
Bosniya (Босния): Bosnia
botanicheskiy sad (ботанический сад): botanic garden
Botsvana (Ботсвана): Botswana
bouling (боулинг): bowling
bozh'ya korovka (божья коровка): ladybird
braslet (браслет): bracelet
brat' (брать): to take
brat'ya i sestry (братья и сестры): siblings
Brauni (Брауни): brownie
brauzer (браузер): browser
Braziliya (Бразилия): Brazil
brekety (брекеты): dental brace
brelok (брелок): key chain
brendi (бренди): brandy
breyk-dans (брейк-данс): breakdance
bridzh (бридж): bridge
britva (бритва): razor
brokkoli (брокколи): broccoli
brom (бром): bromine
bronirovaniye (бронирование): booking
bronzovaya medal' (бронзовая медаль): bronze medal
brosat' (бросать): to throw
brosh' (брошь): brooch
broshyura (брошюра): leaflet
brov' (бровь): eyebrow
Bruney (Бруней): Brunei
bryuki (брюки): trousers
bryussel'skaya kapusta (брюссельская капуста): Brussels sprouts
buben (бубен): tambourine
budil'nik (будильник): alarm clock
bufet (буфет): buffet
buk (бук): beech
bukhgalter (бухгалтер): accountant
bukva (буква): letter
bumazhnaya salfetka (бумажная салфетка): tissue
bumazhnik (бумажник): wallet
burger (бургер): burger
Burkina-Faso (Буркина-Фасо): Burkina Faso
Burundi (Бурунди): Burundi
burya (буря): storm
Butan (Бутан): Bhutan
butsy (бутсы): football boots
butylka (бутылка): bottle
butylochka (бутылочка): baby bottle
buyvol (буйвол): buffalo
byk (бык): bull
bystryy (быстрый): quick
byustgal'ter (бюстгальтер): bra

C

CD pleyer (CD плеер): CD player
cha-cha-cha (ча-ча-ча): cha-cha

Chad (Чад): Chad
chas (час): hour
chashka (чашка): cup
chashka Petri (чашка Петри): Petri dish
chas nochi (час ночи): one o'clock in the morning
chas pik (час пик): rush hour
chasto (часто): often
chasy (часы): clock, watch
chat (чат): chat
chay (чай): tea
chayevyye (чаевые): tip
chayka (чайка): seagull
chaynik (чайник): kettle
chay s molokom (чай с молоком): milk tea
chek (чек): cheque
Chekhiya (Чехия): Czech Republic
chelyust' (челюсть): jawbone
cherdak (чердак): attic
cherep (череп): skull
cherepakha (черепаха): turtle, tortoise
cherepitsa (черепица): roof tile
chernaya dyra (черная дыра): black hole
chernika (черника): blueberry
chernila (чернила): ink
Chernogoriya (Черногория): Montenegro
Chernoye more (Черное море): Black Sea
chernyy (черный): black
chernyy chay (черный чай): black tea
chesnok (чеснок): garlic
chetverg (четверг): Thursday
chetvert' chasa (четверть часа): quarter of an hour
chetvertyy (четвертый): fourth
Chili (Чили): Chile
chipsy (чипсы): chips
chirlidersha (чирлидерша): cheerleader
chislitel' (числитель): numerator
chistit' (чистить): to clean
chistyy (чистый): clean
chital'nyy zal (читальный зал): reading room
chitat' (читать): to read
chizburger (чизбургер): cheeseburger
chizkeyk (чизкейк): cheesecake
chlen (член): member
chlenstvo (членство): membership
chto (что): that, what
chulok (чулок): stocking

D

dalekiy (далекий): far
damskoye bel'ye (дамское белье): lingerie
Daniya (Дания): Denmark
dantist (дантист): dentist
darmshtadtiy (дармштадтий): darmstadtium
darts (дартс): darts
davat' (давать): to give

davleniye vozdukha (давление воздуха): air pressure
dayving (дайвинг): diving
dedushka (дедушка): grandfather
defis (дефис): hyphen
degot' (деготь): tar
dekabr' (декабрь): December
del'fin (дельфин): dolphin
delat' massazh (делать массаж): to give a massage
deleniye (деление): division
delit'sya (делиться): to share
delo (дело): case
delovoy uzhin (деловой ужин): business dinner
Demokraticheskaya Respublika Kongo (Демократическая Республика Конго): Democratic Republic of the Congo
den' (день): day
Den' blagodareniya (День благодарения): Thanksgiving
den'gi (деньги): money
den' rozhdeniya (день рождения): birthday
Den' vsekh svyatykh (День всех святых): Halloween
derevnya (деревня): village
derevo (дерево): tree
derevyannaya balka (деревянная балка): wooden beam
derevyannaya lozhka (деревянная ложка): wooden spoon
dermatologiya (дерматология): dermatology
derzhat' pari (держать пари): to gamble, to bet
desert (десерт): dessert
deshevyy (дешевый): cheap
desyatiletiye (десятилетие): decade
detektiv (детектив): detective
detektor dyma (детектор дыма): smoke detector
detsimetr (дециметр): decimeter
detskaya komnata (детская комната): nursery
detskaya ploshchadka (детская площадка): playground
detskiy sad (детский сад): kindergarten
detskoye kreslo (детское кресло): child seat
devochka (девочка): girl
devushka (девушка): girlfriend
diabet (диабет): diabetes
diafragma (диафрагма): diaphragm
diagonal' (диагональ): diagonal
dich' (дичь): game
didzhey (диджей): DJ
dimsam (димсам): dim sum
dinozavr (динозавр): dinosaur
diplom (диплом): diploma
direktor (директор): director
dirizhor (дирижёр): conductor
dispetcherskaya vyshka (диспетчерская вышка): control tower
disproziy (диспрозий): dysprosium
distantsionnoye upravleniye (дистанционное управление): remote control
divan (диван): sofa
dividend (дивиденд): dividend
dizayner (дизайнер): designer
dizel' (дизель): diesel
dlinnyy (длинный): long
dnevnik (дневник): diary
dobro pozhalovat' (добро пожаловать): welcome

dobryy den' (добрый день): good day
doch' (дочь): daughter
dokazatel'stvo (доказательство): evidence
dokladchik (докладчик): lecturer
doktor filosofii (доктор философии): PhD
dolgota (долгота): longitude
dolina (долина): valley
dollar (доллар): dollar
dom (дом): house
domashneye zadaniye (домашнее задание): homework
domashniye tapochki (домашние тапочки): slippers
Dominika (Доминика): Dominica
Dominikanskaya Respublika (Доминиканская Республика): Dominican Republic
domino (домино): dominoes
domkrat (домкрат): jack
dom na dereve (дом на дереве): tree house
dom na kolosakh (дом на колёсах): caravan
doroga (дорога): road
dorogoy (дорогой): expensive
dorozhnyy katok (дорожный каток): road roller
doska dlya serfinga (доска для серфинга): surfboard
doska ob'yavleniy (доска объявлений): bulletin board
dostavlyat' (доставлять): to deliver
do svidaniya (до свидания): good bye
dozhd' (дождь): rain
dozhdlivyy (дождливый): rainy
dozirovka (дозировка): dosage
dredy (дреды): dreadlocks
drel' (дрель): drilling machine
drob' (дробь): fraction
drossel'naya zaslonka (дроссельная заслонка): throttle
drozhat' (дрожать): to shiver
drozhzhi (дрожжи): yeast
drug (друг): friend
drugoy (другой): other
druzhelyubnyy (дружелюбный): friendly
dub (дуб): oak
dubinka (дубинка): baton
dubniy (дубний): dubnium
dukhi (духи): perfume
dukhovka (духовка): oven
dumat' (думать): to think
dush (душ): shower
dushevaya zanaveska (душевая занавеска): shower curtain
dva chasa dnya (два часа дня): two o'clock in the afternoon
DVD pleyer (DVD плеер): DVD player
dvenadtsatiperstnaya kishka (двенадцатиперстная кишка): duodenum
dver' (дверь): door
dvernaya ruchka (дверная ручка): door handle
dvernoy zvonok (дверной звонок): bell
dvigatel' (двигатель): motor, engine
dvorniki (дворники): windscreen wiper
dvoyetochiye (двоеточие): colon
dvoynyashki (двойняшки): twins
dvoyurodnaya sestra (двоюродная сестра): cousin
dvoyurodnyy brat (двоюродный брат): cousin
dvukh'yarusnaya krovat' (двухъярусная кровать): bunk bed

dvukhmestnyy nomer (двухместный номер): double room
dyadya (дядя): uncle
dymovaya truba (дымовая труба): chimney
dynya (дыня): sugar melon
dyrokol (дырокол): hole puncher
dyshat' (дышать): to breathe
dyuym (дюйм): inch
dzhayv (джайв): jive
dzhaz (джаз): jazz
dzhekfrut (джекфрут): jackfruit
dzhersi (джерси): jersey
Dzhibuti (Джибути): Djibouti
dzhin (джин): gin
dzhinsy (джинсы): jeans
dzyudo (дзюдо): judo

E

Efiopiya (Эфиопия): Ethiopia
ekonom-klass (эконом-класс): economy class
ekonomika (экономика): economics
ekran (экран): screen
ekskavator (экскаватор): excavator
ekskursovod (экскурсовод): tour guide
ekstrennyy sluchay (экстренный случай): emergency
Ekvador (Эквадор): Ecuador
ekvator (экватор): equator
Ekvatorial'naya Gvineya (Экваториальная Гвинея): Equatorial Guinea
ekzamen (экзамен): exam
ekzema (экзема): eczema
elektricheskaya britva (электрическая бритва): shaver
elektricheskiy shok (электрический шок): electric shock
elektrik (электрик): electrician
elektrogitara (электрогитара): electric guitar
elektron (электрон): electron
elektronnaya pochta (электронная почта): e-mail
ellips (эллипс): ellipse
embrion (эмбрион): embryo
endokrinologiya (эндокринология): endocrinology
energeticheskiy napitok (энергетический напиток): energy drink
epilepsiya (эпилепсия): epilepsy
epiziotomiya (эпизиотомия): episiotomy
erbiy (эрбий): erbium
Eritreya (Эритрея): Eritrea
espresso (эспрессо): espresso
Estoniya (Эстония): Estonia
eto (это): this
evkalipt (эвкалипт): eucalyptus
eynshteyniy (эйнштейний): einsteinium

F

fagot (фагот): bassoon
faks (факс): fax
Farengeyt (Фаренгейт): Fahrenheit
Farerskiye ostrova (Фарерские острова): Faroe Islands

farmatsevt (фармацевт): pharmacist
farsh (фарш): minced meat
fasol' (фасоль): bean
fayl (файл): file
fekhtovaniye (фехтование): fencing
fen (фен): hairdryer
fenkhel' (фенхель): fennel
fen shuy (фэн шуй): feng shui
ferma (ферма): farm
fermer (фермер): farmer
fermiy (фермий): fermium
feta (фета): feta
fevral' (февраль): February
Fidzhi (Фиджи): Fiji
figurnoye kataniye (фигурное катание): figure skating
fil'm uzhasov (фильм ужасов): horror movie
fil'tr (фильтр): filter
Filippiny (Филиппины): Philippines
filosofiya (философия): philosophy
finik (финик): date
Finlyandiya (Финляндия): Finland
fioletovyy (фиолетовый): purple
fistashka (фисташка): pistachio
fizicheskaya kul'tura (физическая культура): physical education
fizik (физик): physicist
fizika (физика): physics
fizioterapevt (физиотерапевт): physiotherapist
fizioterapiya (физиотерапия): physiotherapy
flamingo (фламинго): flamingo
fleroviy (флеровий): flerovium
fleshka (флешка): USB stick
fleyta (флейта): flute
flipchart (флипчарт): flip chart
florist (флорист): florist
flyaga (фляга): water bottle
Folklendskiye ostrova (Фолклендские острова): Falkland Islands
fonarik (фонарик): torch
fondovaya birzha (фондовая биржа): stock exchange
fontan (фонтан): fountain
Formula 1 (Формула 1): Formula 1
fosfor (фосфор): phosphorus
fotoal'bom (фотоальбом): photo album
fotograf (фотограф): photographer
fotoramka (фоторамка): picture frame
frantsiy (франций): francium
Frantsiya (Франция): France
Frantsuzskaya Polineziya (Французская Полинезия): French Polynesia
frantsuzskiy yazyk (французский язык): French
frikadel'ka (фрикаделька): meatball
fristayl (фристайл): freestyle skiing
fruktovaya zhevatel'naya rezinka (фруктовая жевательная резинка): fruit gum
fruktovyy salat (фруктовый салат): fruit salad
ftor (фтор): fluorine
fuganok (фуганок): smoothing plane
funikuler (фуникулер): cable car
funt (фунт): pound
fut (фут): foot

futbol'nyy myach (футбольный мяч): football
futbol'nyy stadion (футбольный стадион): football stadium
futbol (футбол): football
futbolka (футболка): T-shirt

G

Gabon (Габон): Gabon
gadoliniy (гадолиний): gadolinium
gafniy (гафний): hafnium
Gaiti (Гаити): Haiti
galaktika (галактика): galaxy
galereya iskusstv (галерея искусств): art gallery
galliy (галлий): gallium
galstuk (галстук): tie
galstuk-babochka (галстук-бабочка): bow tie
Gambiya (Гамбия): The Gambia
gamburger (гамбургер): hamburger
Gana (Гана): Ghana
gandbol (гандбол): handball
gantel' (гантель): dumbbell
garantiya (гарантия): warranty
garazh (гараж): garage
garazhnyye vorota (гаражные ворота): garage door
garderob (гардероб): wardrobe
garnir (гарнир): side dish
gavan' (гавань): harbour
Gayana (Гайана): Guyana
gaz (газ): gas
gazeta (газета): newspaper
gazonokosilka (газонокосилка): lawn mower
gde (где): where
Gde zdes' tualet? (Где здесь туалет?): Where is the toilet?
gekkon (геккон): gecko
gel' dlya dusha (гель для душа): shower gel
gel' dlya volos (гель для волос): hair gel
geliy (гелий): helium
gemorroy (геморрой): hemorrhoid
general'nyy direktor (генеральный директор): general manager
generator (генератор): generator
geografiya (география): geography
geometriya (геометрия): geometry
gepard (гепард): cheetah
germaniy (германий): germanium
Germaniya (Германия): Germany
geyzer (гейзер): geyser
Gibraltar (Гибралтар): Gibraltar
gidrant (гидрант): hydrant
gidroelektrostantsiya (гидроэлектростанция): hydroelectric power station
gidrokostyum (гидрокостюм): wetsuit
gidroterapiya (гидротерапия): hydrotherapy
gidrotsikl (гидроцикл): jet ski
gigiyenicheskaya prokladka (гигиеническая прокладка): sanitary towel
Gimalai (Гималаи): Himalayas
gimnastika (гимнастика): gymnastics
ginekologiya (гинекология): gynaecology

gipnoz (гипноз): hypnosis
gipsovaya povyazka (гипсовая повязка): cast
gitara (гитара): guitar
gladil'naya doska (гладильная доска): ironing table
gladiolus (гладиолус): gladiolus
gladit' (гладить): to iron
glaz (глаз): eye
glina (глина): clay
glotat' (глотать): to swallow
glubokiy (глубокий): deep
glukhoy (глухой): deaf
glupyy (глупый): silly, stupid
glyuten (глютен): gluten
goboy (гобой): oboe
god (год): year
gol'f (гольф): golf
gol'miy (гольмий): holmium
gol (гол): goal
golodnyy (голодный): hungry
golosovat' (голосовать): to vote
golosovoye soobshcheniye (голосовое сообщение): voice message
golova (голова): head
golovnaya bol' (головная боль): headache
golovnoy mozg (головной мозг): brain
golovolomka (головоломка): puzzle
golub' (голубь): pigeon
gomeopatiya (гомеопатия): homoeopathy
Gonduras (Гондурас): Honduras
Gonkong (Гонконг): Hong Kong
gonochnyy velosiped (гоночный велосипед): racing bicycle
gora (гора): mountain
gorchitsa (горчица): mustard
gordyy (гордый): proud
gorka (горка): slide
gornolyzhnyy sport (горнолыжный спорт): skiing
gornyy khrebet (горный хребет): mountain range
gorokh (горох): pea
gorshok (горшок): pot
goryachiy (горячий): hot
goryachiy shokolad (горячий шоколад): hot chocolate
gost' (гость): guest
gostinaya (гостиная): living room
gostinitsa (гостиница): hotel
gosudarstvo (государство): state
gotovit' (готовить): to cook
govorit' (говорить): to talk
govyadina (говядина): beef
GPS (GPS): GPS
grabli (грабли): rake
grafik poseshcheniya (график посещения): visiting hours
grafit (графит): graphite
gramm (грамм): gram
granit (гранит): granite
greblya (гребля): rowing
greblya na baydarkakh i kanoe (гребля на байдарках и каноэ): canoeing
grebnaya lodka (гребная лодка): rowing boat
grelka (грелка): hot-water bottle

Grenada (Гренада): Grenada
Grenlandiya (Гренландия): Greenland
Gretsiya (Греция): Greece
gretskiy orekh (грецкий орех): walnut
greypfrut (грейпфрут): grapefruit
grib (гриб): mushroom
gripp (грипп): flu
grob (гроб): coffin
grom (гром): thunder
gromkiy (громкий): loud
gromkogovoritel' (громкоговоритель): loudspeaker
groza (гроза): thunderstorm
grud' (грудь): bosom
grudina (грудина): breastbone
grudnaya kletka (грудная клетка): chest
gruppovaya psikhoterapiya (групповая психотерапия): group therapy
grusha (груша): pear
grustnyy (грустный): sad
Gruziya (Грузия): Georgia
gruzopod'yemnik (грузоподъемник): forklift truck
gruzovik (грузовик): lorry
gruzovoye sudno (грузовое судно): container ship
gruzovoy samolet (грузовой самолет): cargo aircraft
gryaznoye bel'ye (грязное белье): laundry
gryaznyy (грязный): dirty
guba (губа): lip
gubka (губка): sponge
gubnaya garmonika (губная гармоника): harmonica
gubnaya pomada (губная помада): lipstick
gudok (гудок): horn
gulyash (гуляш): goulash
gulyat' (гулять): to walk
gus' (гусь): goose
gusenitsa (гусеница): caterpillar
Gvatemala (Гватемала): Guatemala
Gvineya (Гвинея): Guinea
Gvineya-Bisau (Гвинея-Бисау): Guinea-Bissau
gvozd' (гвоздь): nail

I

i (и): and
igla (игла): needle
igloukalyvaniye (иглоукалывание): acupuncture
igrat' (играть): to play
igristoye vino (игристое вино): sparkling wine
ikh kompaniya (их компания): their company
ili (или): or
imbir' (имбирь): ginger
indiy (индий): indium
Indiya (Индия): India
Indiyskiy okean (Индийский океан): Indian Ocean
Indoneziya (Индонезия): Indonesia
indyuk (индюк): turkey
indyushatina (индюшатина): turkey
infarkt (инфаркт): heart attack

infektsionnoye zabolevaniye (инфекционное заболевание): infection
informatsiya dlya turistov (информация для туристов): tourist information
ingalyator (ингалятор): inhaler
insul't (инсульт): stroke
insulin (инсулин): insulin
invalidnaya kolyaska (инвалидная коляска): wheelchair
investitsiya (инвестиция): investment
inzhener (инженер): engineer
inzhir (инжир): fig
ion (ион): ion
Iordaniya (Иордания): Jordan
Irak (Ирак): Iraq
Iran (Иран): Iran
iridiy (иридий): iridium
iris (ирис): iris
Irlandiya (Ирландия): Ireland
iskat' (искать): to look for
Islandiya (Исландия): Iceland
Ispaniya (Испания): Spain
ispanskiy yazyk (испанский язык): Spanish
issledovaniye (исследование): research
istoriya (история): history
IT (ИТ): IT
Italiya (Италия): Italy
itterbiy (иттербий): ytterbium
ittriy (иттрий): yttrium
iva (ива): willow
iyena (иена): yen
iyul' (июль): July
iyun' (июнь): June
izdatel' (издатель): publisher
izdeliye iz dereva (изделие из дерева): woodwork
izmeryat' (измерять): to measure
izobrazitel'noye iskusstvo (изобразительное искусство): art
izolenta (изолента): insulating tape
izotop (изотоп): isotope
Izrail' (Израиль): Israel
izvestnyak (известняк): limestone
izvinite (извините): sorry
izyum (изюм): raisin

К

kabachok (кабачок): courgette
kabel' (кабель): cable
kabina (кабина): cockpit, cabin
kabluk (каблук): heel
Kabo-Verde (Кабо-Верде): Cape Verde
kacheli (качели): swing
kadmiy (кадмий): cadmium
kafedral'nyy sobor (кафедральный собор): cathedral
kafel'naya plitka (кафельная плитка): tile
kak (как): how
Kak dela? (Как дела?): How are you?
kakoy (какой): which
Kak tebya zovut? (Как тебя зовут?): What's your name?

kaktus (кактус): cactus
kal'mar (кальмар): squid
kal'tsit (кальцит): calcite
kal'tsiy (кальций): calcium
kalendar' (календарь): calendar
kaliforniy (калифорний): californium
kaliy (калий): potassium
Kambodzha (Камбоджа): Cambodia
kamera (камера): camera
kamera nablyudeniya (камера наблюдения): security camera
Kamerun (Камерун): Cameroon
kan'on (каньон): canyon
Kanada (Канада): Canada
kanal (канал): channel
kanoe (каноэ): canoe
kapa (капа): mouthguard
kapitan (капитан): captain
kapitanskiy mostik (капитанский мостик): bridge
kapot (капот): bonnet
kapsula (капсула): capsule
kapuchino (капучино): cappuccino
kapusta (капуста): cabbage
karabkat'sya (карабкаться): to climb
karamel' (карамель): caramel
karandash (карандаш): pencil
karandash dlya brovey (карандаш для бровей): eyebrow pencil
karate (каратэ): karate
kardigan (кардиган): cardigan
kardiologiya (кардиология): cardiology
karikatura (карикатура): caricature
kariyes (кариес): caries
karman (карман): pocket
karri (карри): curry
karta (карта): map
kartina (картина): picture, painting
karting (картинг): kart
kartochnaya igra (карточная игра): card game
kartofel'-fri (картофель-фри): French fries
kartofel'noye pyure (картофельное пюре): mashed potatoes
kartofel'nyye dol'ki (картофельные дольки): potato wedges
kartofel'nyy salat (картофельный салат): potato salad
kartoshka (картошка): potato
karusel' (карусель): carousel
kasatka (касатка): killer whale
kashel' (кашель): cough
kassa (касса): cash register
kassir (кассир): cashier
kataniye na gornykh velosipedakh (катание на горных велосипедах): mountain biking
kataniye na kon'kakh (катание на коньках): ice skating
kataniye na rolikovykh kon'kakh (катание на роликовых коньках): roller skating
Katar (Катар): Qatar
kateter (катетер): catheter
katok (каток): ice rink
Kaymanovy ostrova (Каймановы острова): Cayman Islands
Kazakhstan (Казахстан): Kazakhstan
kazhdyy (каждый): every
kazino (казино): casino

kebab (кебаб): kebab
keks (кекс): muffin
kemping (кемпинг): camping
kenguru (кенгуру): kangaroo
Keniya (Кения): Kenya
keramika (керамика): pottery
kesarevo secheniye (кесарево сечение): cesarean
kesh'yu (кешью): cashew
ketchup (кетчуп): tomato sauce
khameleon (хамелеон): chameleon
khassiy (хассий): hassium
khevi-metal (хэви-метал): heavy metal
khimicheskaya reaktsiya (химическая реакция): chemical reaction
khimicheskaya struktura (химическая структура): chemical structure
khimicheskoye soyedineniye (химическое соединение): chemical compound
khimik (химик): chemist
khimiya (химия): chemistry
khirurg (хирург): surgeon
khirurgicheskiy shov (хирургический шов): suture
khirurgiya (хирургия): surgery
khleb (хлеб): bread
khlop'ya (хлопья): cereal
khlopok (хлопок): cotton
khlor (хлор): chlorine
khokkey (хоккей): ice hockey
khokkey na trave (хоккей на траве): field hockey
khokkeynaya klyushka (хоккейная клюшка): hockey stick
kholm (холм): hill
kholodil'nik (холодильник): fridge
kholodnyy (холодный): cold
kholodnyy kofe (холодный кофе): iced coffee
khomyak (хомяк): hamster
khoroshiy (хороший): good
Khorvatiya (Хорватия): Croatia
khostel (хостел): hostel
khot-dog (хот-дог): hot dog
khotya (хотя): although
khrabryy (храбрый): brave
khram (храм): temple
khrom (хром): chromium
khryashch (хрящ): cartilage
khudet' (худеть): to lose weight
khudozhestvennaya gimnastika (художественная гимнастика): rhythmic gymnastics
khudozhnik (художник): artist
kilogramm (килограмм): kilogram
kino (кино): cinema
Kipr (Кипр): Cyprus
kipyatit' (кипятить): to boil
Kirgiziya (Киргизия): Kyrgyzstan
Kiribati (Кирибати): Kiribati
kirpich (кирпич): brick
kishechnik (кишечник): intestine
kislorod (кислород): oxygen
kisloye moloko (кислое молоко): buttermilk
kislyy (кислый): sour
kist' (кисть): brush
kit (кит): whale

Kitay (Китай): China
kitayskaya meditsina (китайская медицина): Chinese medicine
kitayskiy samovar (китайский самовар): hot pot
kitayskiy yazyk (китайский язык): Mandarin
kivi (киви): kiwi
kiy (кий): cue
kladbishche (кладбище): cemetery
klarnet (кларнет): clarinet
klassicheskaya muzyka (классическая музыка): classical music
klassicheskiy avtomobil' (классический автомобиль): classic car
klassnaya doska (классная доска): blackboard
klast' (класть): to put
klaviatura (клавиатура): keyboard
klenovyy sirop (кленовый сироп): maple syrup
kleshchi (клещи): pincers
kletski (клецки): dumpling
klever (клевер): clover
kley (клей): glue
kliff-dayving (клифф-дайвинг): cliff diving
klinika (клиника): clinic
klitor (клитор): clitoris
kliyent (клиент): customer
klon (клён): maple
klubnika (клубника): strawberry
klumba (клумба): flower bed
klyuch (ключ): clef, key
klyuchitsa (ключица): collarbone
klyuch ot komnaty (ключ от комнаты): room key
klyukva (клюква): cranberry
klyushka dlya gol'fa (клюшка для гольфа): golf club
kniga (книга): book
knizhnaya polka (книжная полка): bookshelf
knizhnyy magazin (книжный магазин): bookshop
knut (кнут): whip
koala (коала): koala
kobal't (кобальт): cobalt
kofe (кофе): coffee
kofevarka (кофеварка): coffee machine
kofeynyy stolik (кофейный столик): coffee table
kogda (когда): when
kokos (кокос): coconut
kokteyl' (коктейль): cocktail
kol'rabi (кольраби): turnip cabbage
kol'tsevoye dvizheniye (кольцевое движение): roundabout
kol'tso (кольцо): ring
kola (кола): coke
kolbasa (колбаса): sausage
kolennaya chashechka (коленная чашечка): kneecap
koleno (колено): knee
kolgotki (колготки): pantyhose
kollega (коллега): colleague
koloniya (колония): colony
Kolumbiya (Колумбия): Colombia
kolyaska (коляска): pushchair
komandirovka (командировка): business trip
komar (комар): mosquito
komediya (комедия): comedy

kometa (комета): comet
komiks (комикс): comic book
kommentator (комментатор): commentator
komnata dlya peregovorov (комната для переговоров): meeting room
komnatnoye rasteniye (комнатное растение): houseplant
Komorskiye ostrova (Коморские острова): Comoros
komp'yuternyy tomograf (компьютерный томограф): CT scanner
kompas (компас): compass
kon'ki (коньки): skates
kon'kobezhnyy sport (конькобежный спорт): speed skating
konditsioner (кондиционер): air conditioner
konechno (конечно): of course
konfeta (конфета): candy
konkur (конкур): show jumping
konservnaya banka (консервная банка): tin
konskiy khvost (конский хвост): ponytail
konsul'tant (консультант): consultant
kontaktnyye linzy (контактные линзы): contact lens
konteyner (контейнер): container
kontinent (континент): continent
kontrabas (контрабас): double bass
kontsert (концерт): concert
konura (конура): kennel
konus (конус): cone
konvert (конверт): envelope
kopat' (копать): to dig
kopernitsiy (коперниций): copernicium
kopirovat' (копировать): to copy
kor' (корь): measles
korabl' (корабль): ship
korallovyy rif (коралловый риф): coral reef
koren' (корень): root
koren' lotosa (корень лотоса): lotus root
koriandr (кориандр): coriander
korichnevyy (коричневый): brown
koridor (коридор): corridor
koritsa (корица): cinnamon
korling (кёрлинг): curling
kormit' (кормить): to feed
korona (корона): crown
korotkiy (короткий): short
korova (корова): cow
korzina (корзина): basket, shopping basket, recycle bin
korzina dlya bel'ya (корзина для белья): laundry basket
korzina dlya musora (корзина для мусора): garbage bin
koshelek (кошелек): purse
koshka (кошка): cat
kosmicheskaya stantsiya (космическая станция): space station
kosmicheskiy shattl (космический шаттл): space shuttle
Kosovo (Косово): Kosovo
kost' (кость): bone
Kosta-Rika (Коста-Рика): Costa Rica
koster (костер): campfire
kostnyy mozg (костный мозг): bone marrow
kostochka (косточка): pit
kostoprav (костоправ): chiropractor
kostyl' (костыль): crutch

kostyum (костюм): suit
Kot-d'Ivuar (Кот-д'Ивуар): Ivory Coast
kover (ковер): carpet
koza (коза): goat
kozhanaya obuv' (кожаная обувь): leather shoes
kozhura (кожура): peel
krab (краб): crab
kran (кран): tap, crane
krashenyye volosy (крашеные волосы): dyed
krasil'nyy valik (красильный валик): inking roller
krasivyy (красивый): beautiful, handsome
kraska (краска): paint
krasnaya panda (красная панда): red panda
Krasnoye more (Красное море): Red Sea
krasnoye vino (красное вино): red wine
krasnyy (красный): red
krast' (красть): to steal
krater (кратер): crater
kreditnaya kartochka (кредитная карточка): credit card
krem (крем): cream
krem dlya litsa (крем для лица): face cream
kremniy (кремний): silicon
krem protiv morshchin (крем против морщин): antiwrinkle cream
kreslo-kachalka (кресло-качалка): rocking chair
krichat' (кричать): to shout
kriket (крикет): cricket
kripton (криптон): krypton
krivaya (кривая): curve
krokodil (крокодил): crocodile
krolik (кролик): rabbit
krona (крона): krone
kross-trenazher (кросс-тренажер): cross trainer
krossovki (кроссовки): trainers
krossvordy (кроссворды): crosswords
krovat' (кровать): bed
krovavyy (кровавый): bloody
kruassan (круассан): croissant
kruchenyy (крученый): twisting
krug (круг): circle
kruglolitsyy (круглолицый): chubby
kruglyy (круглый): round
krugovaya trenirovka (круговая тренировка): circuit training
kruiznoye sudno (круизное судно): cruise ship
krutoy (крутой): steep, cool
kruzhka (кружка): cup
krylo (крыло): wing
krysa (крыса): rat
krysha (крыша): roof
kryshka lyuka (крышка люка): manhole cover
ksenon (ксенон): xenon
ksilofon (ксилофон): xylophone
kto (кто): who
kub (куб): cube
Kuba (Куба): Cuba
kubicheskiy metr (кубический метр): cubic meter
kubok (кубок): cup
kudryavyy (кудрявый): curly

kukhnya (кухня): kitchen
kukla (кукла): doll
kukol'nyy dom (кукольный дом): dollhouse
kukuruza (кукуруза): corn
kukuruznoye maslo (кукурузное масло): corn oil
kulak (кулак): fist
kupal'nik (купальник): swimsuit
kurinyye krylyshki (куриные крылышки): chicken wings
kurinyy naggets (куриный наггетс): chicken nugget
kurit' (курить): to smoke
kuritsa (курица): chicken
kurtka (куртка): jacket
kusat' (кусать): to bite
kust (куст): bush
Kuveyt (Кувейт): Kuwait
kuznechik (кузнечик): grasshopper
kvadrat (квадрат): square
kvadratnyy (квадратный): square
kvadratnyy metr (квадратный метр): square meter
kvartira (квартира): apartment
kvarts (кварц): quartz
kvikstep (квикстеп): quickstep
kyuriy (кюрий): curium

L

laboratoriya (лаборатория): laboratory
ladon' (ладонь): palm
lak (лак): varnish
lak dlya nogtey (лак для ногтей): nail polish
lakritsa (лакрица): liquorice
lakross (лакросс): lacrosse
lama (лама): llama
lampa (лампа): lamp
lampa avariynoy signalizatsii (лампа аварийной сигнализации): warning light
lampochka (лампочка): light bulb
lantan (лантан): lanthanum
Laos (Лаос): Laos
lapsha (лапша): noodle
lapsha bystrogo prigotovleniya (лапша быстрого приготовления): instant noodles
last (ласт): fin
lastik (ластик): rubber
latinskiy tanets (латинский танец): Latin dance
latinskiy yazyk (латинский язык): Latin
Latviya (Латвия): Latvia
lava (лава): lava
laym (лайм): lime
lazan'ya (лазанья): lasagne
lebed' (лебедь): swan
led (лед): ice
lednik (ледник): glacier
ledolazaniye (ледолазание): ice climbing
legkiy (легкий): light, easy
legkoye (легкое): lung
lektsionnyy zal (лекционный зал): lecture theatre
lektsiya (лекция): lecture

lemongrass (лемонграсс): lemongrass
lemur (лемур): lemur
lenivyy (ленивый): lazy
leopard (леопард): leopard
lepestok (лепесток): petal
les (лес): forest
lesnoy orekh (лесной орех): hazelnut
Lesoto (Лесото): Lesotho
lestnitsa (лестница): stairs, ladder
letat' (летать): to fly
leto (лето): summer
letuchaya mysh' (летучая мышь): bat
lev (лев): lion
levyy (левый): left
leyka (лейка): water can
lezhat' (лежать): to lie
lezviye britvy (лезвие бритвы): razor blade
Liberiya (Либерия): Liberia
lichi (личи): lychee
lift (лифт): elevator
liker (ликер): liqueur
likhoradka (лихорадка): fever
Likhtenshteyn (Лихтенштейн): Liechtenstein
limon (лимон): lemon
limonad (лимонад): lemonade
limuzin (лимузин): limousine
lineyka (линейка): ruler
liniya elektroperedachi (линия электропередачи): power line
lisa (лиса): fox
list (лист): leaf
listovka (листовка): flyer
listvennitsa (лиственница): larch
litavra (литавра): kettledrum
literatura (литература): literature
litiy (литий): lithium
litr (литр): liter
Litva (Литва): Lithuania
Livan (Ливан): Lebanon
livermoriy (ливерморий): livermorium
Liviya (Ливия): Libya
lob (лоб): forehead
lodyzhka (лодыжка): ankle
lokomotiv (локомотив): locomotive
lokot' (локоть): elbow
lopata (лопата): shovel
lopatka (лопатка): shoulder blade
los' (лось): elk
los'on dlya tela (лосьон для тела): body lotion
los'on posle brit'ya (лосьон после бритья): aftershave
loshad' (лошадь): horse
losiny (лосины): leggings
losos' (лосось): salmon
lourensiy (лоуренсий): lawrencium
lovit' (ловить): to catch
lozhka (ложка): spoon
luk (лук): onion
luk-porey (лук-порей): leek

luk-rezanets (лук-резанец): chive
lukovoye kol'tso (луковое кольцо): onion ring
Luna (Луна): moon
lunnoye zatmeniye (лунное затмение): lunar eclipse
lyagushka (лягушка): frog
lysaya golova (лысая голова): bald head
lyubit' (любить): to love
lyubov' (любовь): love
lyubovnaya toska (любовная тоска): lovesickness
Lyuksemburg (Люксембург): Luxembourg
lyutetsiy (лютеций): lutetium
lyutik (лютик): buttercup
lyzha (лыжа): ski
lyzhnaya palka (лыжная палка): ski pole
lyzhnoye dvoyebor'ye (лыжное двоеборье): Nordic combined
lyzhnyye gonki (лыжные гонки): cross-country skiing
lyzhnyy kostyum (лыжный костюм): ski suit
lyzhnyy kurort (лыжный курорт): ski resort

M

machekha (мачеха): stepmother
machta (мачта): mast
Madagaskar (Мадагаскар): Madagascar
magazin igrushek (магазин игрушек): toy shop
magazin sekond-khend (магазин секонд-хенд): second-hand shop
magistr (магистр): master
magma (магма): magma
magnit (магнит): magnet
magnitno-rezonansnaya tomografiya (магнитно-резонансная томография): magnetic resonance imaging
magnitofon (магнитофон): record player
magniy (магний): magnesium
Makao (Макао): Macao
Makedoniya (Македония): Macedonia
mal'chik (мальчик): boy
Mal'divy (Мальдивы): Maldives
Mal'ta (Мальта): Malta
Malavi (Малави): Malawi
Malayziya (Малайзия): Malaysia
malen'kiy (маленький): small
malen'koye chernoye plat'ye (маленькое черное платье): little black dress
Mali (Мали): Mali
malina (малина): raspberry
malysh (малыш): baby
mama (мама): mum
maneken (манекен): mannequin
mango (манго): mango
manikyur (маникюр): manicure
manikyurnyye nozhnitsy (маникюрные ножницы): nail scissors
marafon (марафон): marathon
marganets (марганец): manganese
margaritka (маргаритка): daisy
marketing (маркетинг): marketing
Marokko (Марокко): Morocco
Mars (Марс): Mars
Marshallovy ostrova (Маршалловы острова): Marshall Islands

mart (март): March
martini (мартини): martini
mashinist (машинист): train driver
mashinnoye otdeleniye (машинное отделение): engine room
maska dlya litsa (маска для лица): face mask
maska dlya nyryaniya (маска для ныряния): diving mask
maska dlya sna (маска для сна): sleeping mask
maslo (масло): oil
maslyanaya kraska (масляная краска): oil paint
maslyanaya pastel' (масляная пастель): oil pastel
massazh (массаж): massage
massazhist (массажист): masseur
mat' (мать): mother
matematika (математика): mathematics
matka (матка): uterus, womb
matras (матрас): mattress
Mavrikiy (Маврикий): Mauritius
Mavritaniya (Мавритания): Mauritania
may (май): May
mayak (маяк): lighthouse
mayka (майка): undershirt
mayonez (майонез): mayonnaise
mayoran (майоран): marjoram
mebel'nyy magazin (мебельный магазин): furniture store
mechet' (мечеть): mosque
mechtat' (мечтать): to dream
med' (медь): copper
med (мед): honey
medal' (медаль): medal
meditatsiya (медитация): meditation
meditsinskiy gradusnik (медицинский градусник): fever thermometer
medlennyy (медленный): slow
medovyy mesyats (медовый месяц): honeymoon
medsestra (медсестра): nurse
meduza (медуза): jellyfish
medved' (медведь): bear
megapolis (мегаполис): metropolis
mekhanik (механик): mechanic
Meksika (Мексика): Mexico
mel (мел): chalk
melkiy (мелкий): shallow
melodiya (мелодия): melody
men'she (меньше): less
mendeleviy (менделевий): mendelevium
menedzher (менеджер): manager
menyu (меню): menu
Merkuriy (Меркурий): Mercury
mesto (место): seat
mesto dlya kempinga (место для кемпинга): camping site
mesto u okna (место у окна): window
mesto v prokhode (место в проходе): aisle
mesyats (месяц): month
metall (металл): metal
metalloid (металлоид): metalloid
metan (метан): methane
metaniye diska (метание диска): discus throw
metaniye kop'ya (метание копья): javelin throw

metaniye molota (метание молота): hammer throw
meteorit (метеорит): meteorite
metla (метла): broom
metr (метр): meter
metro (метро): subway
meytneriy (мейтнерий): meitnerium
mgnovennaya kamera (мгновенная камера): instant camera
migren' (мигрень): migraine
mikroavtobus (микроавтобус): minibus
Mikroneziya (Микронезия): Micronesia
mikroskop (микроскоп): microscope
mikrovolnovaya pech' (микроволновая печь): microwave
mikser (миксер): mixer
mililitr (миллилитр): milliliter
millimetr (миллиметр): millimeter
milya (миля): mile
milyy (милый): cute
mindal' (миндаль): almond
minibar (минибар): minibar
ministr (министр): minister
minuta (минута): minute
mirovoy rekord (мировой рекорд): world record
miska (миска): bowl
mizinets (мизинец): little finger
mladenets (младенец): infant
mladshaya sestra (младшая сестра): little sister
mladshaya shkola (младшая школа): junior school
mladshiy brat (младший брат): little brother
Mlechnyy Put' (Млечный Путь): Milky Way
Mne eto ne nravitsya (Мне это не нравится): I don't like this
Mne nuzhno eto (Мне нужно это): I need this
mnogiye (многие): many
mobil'nyy telefon (мобильный телефон): mobile phone
mochevoy puzyr' (мочевой пузырь): bladder
model' (модель): model
mogila (могила): grave
mokko (мокко): mocha
Moldova (Молдова): Moldova
molekula (молекула): molecule
molibden (молибден): molybdenum
molit'sya (молиться): to pray
molniya (молния): lightning, zipper
molochnyy kokteyl' (молочный коктейль): milkshake
molodoy (молодой): young
moloko (молоко): milk
molotok (молоток): hammer
monakh (монах): monk
monakhinya (монахиня): nun
Monako (Монако): Monaco
moneta (монета): coin
Mongoliya (Монголия): Mongolia
monooksid ugleroda (монооксид углерода): carbon monoxide
monopoliya (монополия): Monopoly
monorel's (монорельс): monorail
Montserrat (Монтсеррат): Montserrat
moped (мопед): motor scooter
more (море): sea

moreprodukty (морепродукты): seafood
morkov' (морковь): carrot
morozhenoye (мороженое): ice cream
morozilka (морозилка): freezer
morshchina (морщина): wrinkle
morskaya svinka (морская свинка): guinea pig
morskaya zvezda (морская звезда): starfish
morskoy konek (морской конек): sea horse
morskoy lev (морской лев): sea lion
morzh (морж): walrus
moshonka (мошонка): scrotum
motogonki (мотогонки): motorcycle racing
motokross (мотокросс): motocross
mototsikl (мотоцикл): motorcycle
motsarella (моцарелла): mozzarella
motyga (мотыга): hoe
motylek (мотылек): moth
moya sobaka (моя собака): my dog
Mozambik (Мозамбик): Mozambique
MR3 pleyer (MP3 плеер): MP3 player
muftiy (муфтий): mufti
muka (мука): flour
mukha (муха): fly
mul'tfil'm (мультфильм): cartoon
murav'yed (муравьед): ant-eater
muravey (муравей): ant
muskatnyy orekh (мускатный орех): nutmeg
musson (муссон): monsoon
muzey (музей): museum
muzh (муж): husband
muzhchina (мужчина): man
muzykal'nyy treugol'nik (музыкальный треугольник): triangle
muzykant (музыкант): musician
my (мы): we
myach dlya amerikanskogo futbola (мяч для американского футбола): football
myach dlya gol'fa (мяч для гольфа): golf ball
myagkaya igrushka (мягкая игрушка): cuddly toy
myagkiy (мягкий): soft
myasnik (мясник): butcher
myaso (мясо): meat
myata (мята): mint
mylo (мыло): soap
mysh' (мышь): mouse
mysh'yak (мышьяк): arsenic
myshtsa (мышца): muscle
myt' (мыть): to wash
myusli (мюсли): muesli

N

nachal'naya shkola (начальная школа): primary school
nachos (начос): nachos
naduvnaya lodka (надувная лодка): rubber boat
naduvnoy matras (надувной матрас): air mattress
nadzemnyy peshekhodnyy perekhod (надземный пешеходный переход): overpass
na etoy nedele (на этой неделе): this week

naiboleye (наиболее): most
nakhodit' (находить): to find
nalog (налог): tax
Namibiya (Намибия): Namibia
napil'nik (напильник): file
na proshloy nedele (на прошлой неделе): last week
napul'snik (напульсник): sweatband
nardy (нарды): backgammon
narodnaya muzyka (народная музыка): folk music
nartsiss (нарцисс): daffodil
naruchniki (наручники): handcuff
na samom dele (на самом деле): really, actually
nash dom (наш дом): our home
naslazhdat'sya (наслаждаться): to enjoy
naslediye (наследие): heritage
naslednik (наследник): heir
na sleduyushchey nedele (на следующей неделе): next week
nastol'naya igra (настольная игра): board game
nastol'nyy tennis (настольный теннис): table tennis
natriy (натрий): sodium
natsional'nyy park (национальный парк): national park
nauchnaya fantastika (научная фантастика): science fiction
nauka (наука): science
Nauru (Науру): Nauru
naushnik (наушник): earphone
navodneniye (наводнение): flood
nayemnyy rabochiy (наемный рабочий): employee
nazal'nyy sprey (назальный спрей): nasal spray
nazhimat' (нажимать): to press
ne (не): not
ne bespokoysya (не беспокойся): no worries
neboskreb (небоскреб): skyscraper
nedelya (неделя): week
ne imeyet znacheniya (не имеет значения): doesn't matter
nektar (нектар): nectar
nemedlenno (немедленно): immediately
nemetall (неметалл): non-metal
nemetskiy yazyk (немецкий язык): German
nemnogiye (немногие): few
nemoy (немой): mute
neodim (неодим): neodymium
neon (неон): neon
Nepal (Непал): Nepal
ne perezhivay (не переживай): don't worry
Ne ponimayu (Не понимаю): I don't understand
nepravil'nyy (неправильный): wrong
Neptun (Нептун): Neptune
neptuniy (нептуний): neptunium
nerv (нерв): nerve
nespravedlivyy (несправедливый): unfair
nevesta (невеста): fiancée, bride
nevestka (невестка): daughter-in-law
nevrologiya (неврология): neurology
neylon (нейлон): nylon
neytron (нейтрон): neutron
nezamerzayushchaya zhidkost' (незамерзающая жидкость): antifreeze fluid
Niderlandy (Нидерланды): Netherlands

Niger (Нигер): Niger
Nigeriya (Нигерия): Nigeria
Nikaragua (Никарагуа): Nicaragua
nikel' (никель): nickel
nikto (никто): none
niobiy (ниобий): niobium
Niue (Ниуэ): Niue
nizhe (ниже): below
nizhneye podcherkivaniye (нижнее подчеркивание): underscore
nizkiy (низкий): low, short
no (но): but
nobeliy (нобелий): nobelium
noch' (ночь): night
nochnaya rubashka (ночная рубашка): nightie
nochnik (ночник): bedside lamp
nochnoy klub (ночной клуб): night club
noga (нога): leg
nogot' (ноготь): fingernail
nomer komnaty (номер комнаты): room number
nomer schota (номер счёта): account number
nomer telefona (номер телефона): telephone number
Norvegiya (Норвегия): Norway
nos (нос): nose
nosit' (носить): to carry
nosok (носок): sock
nosorog (носорог): rhino
nosovaya kost' (носовая кость): nasal bone
nosovoye krovotecheniye (носовое кровотечение): nosebleed
nota (нота): note
noutbuk (ноутбук): laptop
Novaya Kaledoniya (Новая Каледония): New Caledonia
Novaya Zelandiya (Новая Зеландия): New Zealand
novosti (новости): news
novostnaya rassylka (новостная рассылка): newsletter
novyy (новый): new
Novyy god (Новый год): New Year
noyabr' (ноябрь): November
nozdrya (ноздря): nostril
nozh (нож): knife
nozhnitsy (ножницы): scissors
nravitsya (нравится): to like
nuga (нуга): nougat
nyukhat' (нюхать): to smell

O

Ob'yedinennyye Arabskiye Emiraty (Объединенные Арабские Эмираты): United Arab Emirates
ob'yem (объем): volume
obed (обед): lunch
obespokoyennyy (обеспокоенный): worried
obez'yana (обезьяна): monkey
oblachnyy (облачный): cloudy
oblako (облако): cloud
oblast' (область): region
obruchal'noye kol'tso (обручальное кольцо): engagement ring, wedding ring
obshchezhitiye (общежитие): dorm room

obsluzhivaniye nomerov (обслуживание номеров): room service
ochen' (очень): very
ochistnyye sooruzheniya (очистные сооружения): sewage plant
ochki (очки): glasses
ochki dlya plavaniya (очки для плавания): swim goggles
odeyalo (одеяло): blanket
odinokiy (одинокий): lonely
odnomestnyy nomer (одноместный номер): single room
oduvanchik (одуванчик): dandelion
ofis (офис): office
ofitsiant (официант): waiter
ognetushitel' (огнетушитель): fire extinguisher
ogon' (огонь): fire
ogranicheniye skorosti (ограничение скорости): speed limit
ogromnyy (огромный): huge
ogurets (огурец): cucumber
okean (океан): ocean
okey (окей): ok
okhrannik (охранник): security guard
okno (окно): window
okra (окра): okra
oktyabr' (октябрь): October
olen' (олень): deer
olivka (оливка): olive
olivkovoye maslo (оливковое масло): olive oil
olovo (олово): tin
Oman (Оман): Oman
omar (омар): lobster
on (он): he
ona (она): she
oni (они): they
onkologiya (онкология): oncology
opal (опал): opal
opera (опера): opera
operativnaya pamyat' (OZU) (оперативная память (ОЗУ)): random access memory (RAM)
operator (оператор): camera operator
operatsionnaya (операционная): operating theatre
optik (оптик): optician
oranzhevyy (оранжевый): orange
oregano (орегано): oregano
orekh (орех): nut
orel (орел): eagle
organ (орган): organ
origami (оригами): origami
orkestr (оркестр): orchestra
ortopediya (ортопедия): orthopaedics
os'minog (осьминог): octopus
osa (оса): wasp
osel (осел): donkey
osen' (осень): autumn
osmiy (осмий): osmium
ostrov (остров): island
Ostrova Kuka (Острова Кука): Cook Islands
ostryy (острый): hot
otchim (отчим): stepfather
otdel (отдел): department
otdeleniye intensivnoy terapii (отделение интенсивной терапии): intensive care unit

otdeleniye skoroy pomoshchi (отделение скорой помощи): emergency room
otdel kadrov (отдел кадров): human resources
otdykhat' (отдыхать): to rest
otets (отец): father
otkrytka (открытка): postcard
otkryvat' (открывать): to open
otopleniye (отопление): heating
otpechatok pal'tsa (отпечаток пальца): fingerprint
otpravleniye (отправление): departure
otravleniye (отравление): poisoning
otvechat' (отвечать): to answer
otvertka (отвертка): screwdriver
otzhimaniya (отжимания): push-up
ovsyanaya kasha (овсяная каша): oatmeal, porridge
ovsyanka (овсянка): oat
ovtsa (овца): sheep
ozero (озеро): lake
ozherel'ye (ожерелье): necklace
ozhog (ожог): burn

P

p'yanyy (пьяный): drunk
p'yesa (пьеса): play
padat' (падать): to fall
padat' v obmorok (падать в обморок): to faint
padcheritsa (падчерица): stepdaughter
paket (пакет): bag
Pakistan (Пакистан): Pakistan
pal'ma (пальма): palm tree
pal'to (пальто): coat
palatka (палатка): tent
Palau (Палау): Palau
Palestina (Палестина): Palestine
palets (палец): finger
palets na noge (палец на ноге): toe
palitra (палитра): palette
palladiy (палладий): palladium
palochka dlya yedy (палочка для еды): chopstick
paluba (палуба): deck
pamyatnik (памятник): monument
Panama (Панама): Panama
panda (панда): panda
pank (панк): punk
papa (папа): dad
papayya (папайя): papaya
papka (папка): folder
paporotnik (папоротник): fern
paprika (паприка): paprika
Papua-Novaya Gvineya (Папуа-Новая Гвинея): Papua New Guinea
paradnaya dver' (парадная дверь): front door
paragraf (параграф): paragraph
Paragvay (Парагвай): Paraguay
parashyut (парашют): parachute
parashyutnyy sport (парашютный спорт): parachuting
paren' (парень): boyfriend

parik (парик): wig
parikmakher (парикмахер): hairdresser
park (парк): park
parmezan (пармезан): parmesan
parol' (пароль): password
parom (паром): ferry
parovoz (паровоз): steam train
parta (парта): desk
parus (парус): sail
parusnik (парусник): sailing boat
parusnyy sport (парусный спорт): sailing
Paskha (Пасха): Easter
pasynok (пасынок): stepson
patologiya (патология): pathology
patsiyent (пациент): patient
pauk (паук): spider
pavlin (павлин): peacock
pchela (пчела): bee
pech' (печь): to bake
pechatat' (печатать): to print
pechen' (печень): liver
pechen'ye (печенье): cookie, biscuit
pediatriya (педиатрия): paediatrics
pedikyur (педикюр): pedicure
pelikan (пеликан): pelican
pen'yuar (пеньюар): negligee
pena dlya brit'ya (пена для бритья): shaving foam
penal (пенал): pencil case
penis (пенис): penis
pepel (пепел): ash
perchatka (перчатка): glove
peredneye siden'ye (переднее сиденье): front seat
peredniy (передний): front
perednyaya fara (передняя фара): front light
perekrestok (перекресток): intersection
perelom (перелом): fracture
perenosnaya ratsiya (переносная рация): walkie-talkie
perets (перец): pepper
perets chili (перец чили): chili
periodicheskaya tablitsa (периодическая таблица): periodic table
perkhot' (перхоть): dandruff
persik (персик): peach
personal (персонал): staff
Peru (Перу): Peru
pervaya polovina dnya (первая половина дня): morning
pervoye blyudo (первое блюдо): starter
pervyy (первый): first
pervyy etazh (первый этаж): first floor
pervyy klass (первый класс): first class
pervyy podval'nyy etazh (первый подвальный этаж): first basement floor
peshchera (пещера): cave
peshekhodnaya zona (пешеходная зона): pedestrian area
peshekhodnyy perekhod (пешеходный переход): pedestrian crossing
peshiy turizm (пеший туризм): hiking
pesochnitsa (песочница): sandbox
pesok (песок): sand
pet' (петь): to sing

petukh (петух): cockerel
pevets (певец): singer
pianino (пианино): piano
piknik (пикник): picnic
pila (пила): saw
pilates (пилатес): Pilates
pilit' (пилить): to saw
pilochka dlya nogtey (пилочка для ногтей): nail file
pilot (пилот): pilot
pilyulya (пилюля): pill
pinat' (пинать): to kick
pingvin (пингвин): penguin
pintset (пинцет): tweezers
pipetka (пипетка): pipette
piramida (пирамида): pyramid
pirog (пирог): pie
pirs (пирс): pier
pis'mennyy stol (письменный стол): desk
pis'mo (письмо): letter
pisat' (писать): to write
pishchevod (пищевод): oesophagus
pistolet (пистолет): gun
pit' (пить): to drink
pitstsa (пицца): pizza
pivo (пиво): beer
pizhama (пижама): pyjamas
plakat' (плакать): to cry
planer (планер): glider
planeta (планета): planet
planshetka (планшетка): clipboard
plashch (плащ): raincoat
plastik (пластик): plastic
plastyr' (пластырь): plaster
plat'ye (платье): dress
plata za proyezd (плата за проезд): fare
platforma (платформа): platform
platina (платина): platinum
platit' (платить): to pay
plavaniye (плавание): swimming
plavat' (плавать): to swim
plavki (плавки): swim trunks
plecho (плечо): shoulder
plemyannik (племянник): nephew
plemyannitsa (племянница): niece
plevat' (плевать): to spit
plita (плита): cooker
plod (плод): foetus
plokhoy (плохой): bad
ploshchad' (площадь): area, square
ploskiy (плоский): flat
ploskiy ekran (плоский экран): flat screen
plotina (плотина): dam
Pluton (Плутон): Pluto
plutoniy (плутоний): plutonium
plyazh (пляж): beach
plyazhnyy voleybol (пляжный волейбол): beach volleyball
poberezh'ye (побережье): coast

pobezhdat' (побеждать): to win
pobochnyy effekt (побочный эффект): side effect
pochka (почка): kidney
pochta (почта): post office
pochtal'on (почтальон): postman
pochtovaya marka (почтовая марка): stamp
pochtovyy indeks (почтовый индекс): zip code
pochtovyy yashchik (почтовый ящик): mailbox
pochva (почва): soil
pod'yem tulovishcha (подъем туловища): sit-ups
podarok (подарок): present
podborodok (подбородок): chin
poddon (поддон): pallet
podguznik (подгузник): diaper
podmaster'ye (подмастерье): apprentice
podnimat' (поднимать): to lift
podoshva (подошва): sole
podozrevayemyy (подозреваемый): suspect
podpis' (подпись): signature
podsolnechnoye maslo (подсолнечное масло): sunflower oil
podsolnukh (подсолнух): sunflower
podsudimyy (подсудимый): defendant
podushka (подушка): pillow
podushka bezopasnosti (подушка безопасности): airbag
podval (подвал): basement
podvodka dlya glaz (подводка для глаз): eyeliner
podvodnaya lodka (подводная лодка): submarine
podzemnyy peshekhodnyy perekhod (подземный пешеходный переход): underpass
podzheludochnaya zheleza (поджелудочная железа): pancreas
pogremushka (погремушка): rattle
poka-poka (пока-пока): bye bye
poker (покер): poker
pokhorony (похороны): funeral
pokupat' (покупать): to buy
Pol'sha (Польша): Poland
pol (пол): floor, gender
polchasa (полчаса): half an hour
polden' (полдень): noon
pole dlya gol'fa (поле для гольфа): golf course
poliester (полиэстер): polyester
polietilenovyy paket (полиэтиленовый пакет): plastic bag
politik (политик): politician
politika (политика): politics
politseyskaya mashina (полицейская машина): police car
politseyskiy (полицейский): policeman
politseyskiy uchastok (полицейский участок): police station
politsiya (полиция): police
polka (полка): shelf
polnet' (полнеть): to gain weight
polnoch' (полночь): midnight
polnyy (полный): full, plump
polo (поло): polo
poloniy (полоний): polonium
polosa prokrutki (полоса прокрутки): scrollbar
polotentse (полотенце): towel
polovnik (половник): ladle
poluostrov (полуостров): peninsula

polyus (полюс): pole
polzat' (ползать): to crawl
pomidor (помидор): tomato
pomogat' (помогать): to help
pomolvka (помолвка): engagement
pomoshchnik (помощник): assistant
ponchik (пончик): doughnut
ponedel'nik (понедельник): Monday
ponos (понос): diarrhea
pop (поп): pop
popkorn (попкорн): popcorn
popugay (попугай): parrot
porosenok (поросёнок): piglet
poroshok (порошок): powder
portfel' (портфель): schoolbag, briefcase
portfolio (портфолио): portfolio
portnoy (портной): tailor
portret (портрет): portrait
Portugaliya (Португалия): Portugal
posetitel' (посетитель): visitor
Poshli domoy (Пошли домой): Let's go home
poshliny (пошлины): toll
poslezavtra (послезавтра): the day after tomorrow
posol'stvo (посольство): embassy
postnoye myaso (постное мясо): lean meat
posudomoyechnaya mashina (посудомоечная машина): dishwasher
posylka (посылка): parcel
poterpet' neudachu (потерпеть неудачу): to fail
poterya (потеря): loss
potolok (потолок): ceiling
potomu chto (потому что): because
potseluy (поцелуй): kiss
potyanut' (потянуть): to pull
povar (повар): cook
povedencheskaya terapiya (поведенческая терапия): behaviour therapy
poverni nalevo (поверни налево): turn left
poverni napravo (поверни направо): turn right
povyazka (повязка): bandage
poydem so mnoy (пойдем со мной): Come with me
poyezd (поезд): train
pozavchera (позавчера): the day before yesterday
pozhaluysta (пожалуйста): please
pozhar (пожар): fire
pozharnaya mashina (пожарная машина): fire truck
pozharnaya stantsiya (пожарная станция): fire station
pozharnaya trevoga (пожарная тревога): fire alarm
pozharnyy (пожарный): firefighter
pozharnyye (пожарные): firefighters
pozvonochnik (позвоночник): spine
pozvonok (позвонок): vertebra
pravil'nyy (правильный): correct
pravyy (правый): right
prazdnovat' (праздновать): to celebrate
prazeodim (празеодим): praseodymium
predisloviye (предисловие): preface
predprinimatel' (предприниматель): entrepreneur
predsedatel' (председатель): chairman

predstatel'naya zheleza (предстательная железа): prostate
preduprezhdat' (предупреждать): to warn
predvaritel'nyy zakaz (предварительный заказ): reservation
prem'yer-ministr (премьер-министр): prime minister
prestupnik (преступник): criminal
prezentatsiya (презентация): presentation
prezervativ (презерватив): condom
prezident (президент): president
pribornaya panel' (приборная панель): dashboard
pribyl' (прибыль): profit
pribytiye (прибытие): arrival
prigorod (пригород): suburb
prikhodit' (приходить): to come
prilivnaya volna (приливная волна): tidal wave
prilozheniye (приложение): app
prinimat' dush (принимать душ): to take a shower
printer (принтер): printer
prisedaniye (приседание): squat
prishchepka (прищепка): peg
pristal'no smotret' (пристально смотреть): to stare
prisyazhnyye (присяжные): jury
pritsep (прицеп): trailer
privet (привет): hi
priyem (прием): appointment
probel (пробел): space
probka (пробка): traffic jam
prodavat' (продавать): to sell
prodavets (продавец): shop assistant
prodazhi (продажи): sales
professional'noye obucheniye (профессиональное обучение): vocational training
professor (профессор): professor
programmist (программист): programmer
progulka (прогулка): promenade
proigryvat' (проигрывать): to lose
prokuror (прокурор): prosecutor
prometiy (прометий): promethium
promyshlennyy rayon (промышленный район): industrial district
prospekt (проспект): avenue
prostite (простите): excuse me
prostitutka (проститутка): prostitute
prostuda (простуда): cold
protaktiniy (протактиний): protactinium
protivozachatochnaya tabletka (противозачаточная таблетка): birth control pill
proton (протон): proton
protsent (процент): interest
provintsiya (провинция): province
provod (провод): wire
provodnik (проводник): conductor
proyektor (проектор): projector
prud (пруд): pond
pryamaya liniya (прямая линия): straight line
pryamougol'nik (прямоугольник): rectangle
pryamoy (прямой): straight
pryamoy ugol (прямой угол): right angle
pryamyye volosy (прямые волосы): straight
pryatat'sya (прятаться): to hide
prygat' (прыгать): to jump

pryzhki s shestom (прыжки с шестом): pole vault
pryzhki s tramplina (прыжки с трамплина): ski jumping
pryzhki v vodu (прыжки в воду): diving
pryzhki v vysotu (прыжки в высоту): high jump
pryzhok v dlinu (прыжок в длину): long jump
pshenitsa (пшеница): wheat
psikhiatriya (психиатрия): psychiatry
psikhoanaliz (психоанализ): psychoanalysis
psikhoterapiya (психотерапия): psychotherapy
puding (пудинг): pudding
pudra dlya litsa (пудра для лица): face powder
Puerto-Riko (Пуэрто-Рико): Puerto Rico
pugovitsa (пуговица): button
pukhovka (пуховка): powder puff
pul's (пульс): pulse
pupok (пупок): belly button
pustoy (пустой): empty
pustynya (пустыня): desert
puteshestvovat' (путешествовать): to travel
pyatka (пятка): heel
pyatnitsa (пятница): Friday
pyatyy etazh (пятый этаж): fifth floor
pylesos (пылесос): vacuum cleaner
pylesosit' (пылесосить): to vacuum

R

rabocheye pomeshcheniye (рабочее помещение): workroom
rabota (работа): job
rabotat' (работать): to work
rabotodatel' (работодатель): employer
radar (радар): radar
radio (радио): radio
radiologiya (радиология): radiology
radionyanya (радионяня): baby monitor
radius (радиус): radius
radiy (радий): radium
radon (радон): radon
raduga (радуга): rainbow
rafting (рафтинг): rafting
rak (рак): cancer
raketa (ракета): rocket
rakovina (раковина): sink, basin
rakushka (ракушка): shell
ralli (ралли): rally racing
Ramadan (Рамадан): Ramadan
ramen (рамен): ramen
rana (рана): wound
ranit' (ранить): to injure
rapsovoye maslo (рапсовое масло): rapeseed oil
rascheska (расческа): comb
raspisaniye (расписание): timetable
rasslab'sya (расслабься): relax
rasti (расти): to grow
rastyazhka (растяжка): stretching
ratusha (ратуша): town hall

ravvin (раввин): rabbi
rayon (район): district
razdelochnaya doska (разделочная доска): chopping board
razdevalka (раздевалка): changing room
razmer odezhdy (размер одежды): dress size
razminka (разминка): warm-up
razrykhlitel' (разрыхлитель): baking powder
razvod (развод): divorce
razvodnoy gayechnyy klyuch (разводной гаечный ключ): screw wrench
rebenok (ребёнок): child
rebro (ребро): rib
redis (редис): radish
regbi (регби): rugby
reggi (регги): reggae
reka (река): river
reklama (реклама): advertisement
rel'sy (рельсы): railtrack
remen' (ремень): belt
remen' bezopasnosti (ремень безопасности): seatbelt
remontirovat' (ремонтировать): to fix
reniy (рений): rhenium
rentgeniy (рентгений): roentgenium
rentgenovskiy snimok (рентгеновский снимок): X-ray photograph
rep (рэп): rap
reporter (репортер): reporter
resnitsy (ресницы): eyelashes
Respublika Kongo (Республика Конго): Republic of the Congo
restoran (ресторан): restaurant
rezerfordiy (резерфордий): rutherfordium
rezhissor (режиссёр): director
rezinka (резинка): rubber band
rezinka dlya volos (резинка для волос): scrunchy
rezinovyye sapogi (резиновые сапоги): wellington boots
rezul'tat (результат): result
ris (рис): rice
risovarka (рисоварка): rice cooker
risovat' (рисовать): to paint
risunok (рисунок): drawing
robot (робот): robot
roditeli (родители): parents
roditeli zheny, roditeli muzha (родители жены, родители мужа): parents-in-law
rodiy (родий): rhodium
rody (роды): delivery
rok (рок): rock
rok-n-roll (рок-н-ролл): rock 'n' roll
rom (ром): rum
roman (роман): novel
romb (ромб): rhombus
romboid (ромбоид): rhomboid
Rossiya (Россия): Russia
rot (рот): mouth
router (роутер): router
roza (роза): rose
rozetka (розетка): power outlet
rozhdeniye (рождение): birth
Rozhdestvo (Рождество): Christmas
rozmarin (розмарин): rosemary

rozovyy (розовый): pink
rtut' (ртуть): mercury
Ruanda (Руанда): Rwanda
rubashka (рубашка): shirt
rubashka polo (рубашка поло): polo shirt
rubidiy (рубидий): rubidium
rubin (рубин): ruby
ruchey (ручей): stream
ruchka (ручка): pen
ruchnaya klad' (ручная кладь): carry-on luggage
ruchnaya korobka peredach (ручная коробка передач): gear shift
ruchnaya pila (ручная пила): handsaw
ruchnoy tormoz (ручной тормоз): hand brake
ruiny (руины): ruin
ruka (рука): arm, hand
rukav (рукав): sleeve
rukavitsa igroka v beysbol (рукавица игрока в бейсбол): mitt
rul' (руль): steering wheel
ruletka (рулетка): tape measure
rumba (румба): rumba
Rumyniya (Румыния): Romania
ruteniy (рутений): ruthenium
ryad (ряд): row
ryadom (рядом): beside
ryba (рыба): fish
rybachit' (рыбачить): to fish
ryba i chipsy (рыба и чипсы): fish and chips
rybak (рыбак): fisherman
rybatskaya lodka (рыбацкая лодка): fishing boat
rybnaya kost' (рыбная кость): fishbone
rybnyy rynok (рыбный рынок): fish market
rychag pereklyucheniya peredach (рычаг переключения передач): gear lever
rynok (рынок): market
ryukzak (рюкзак): backpack
ryzhiye volosy (рыжие волосы): ginger

S

S'yerra-Leone (Сьерра-Леоне): Sierra Leone
sad (сад): garden
sadovnik (садовник): gardener
sake (саке): sake
sakhar (сахар): sugar
Sakhara (Сахара): Sahara
sakharnaya pudra (сахарная пудра): icing sugar
sakharnaya svekla (сахарная свекла): sugar beet
sakharnaya vata (сахарная вата): candy floss
sakharnyy pesok (сахарный песок): granulated sugar
sakharnyy trostnik (сахарный тростник): sugar cane
saksofon (саксофон): saxophone
sal'sa (сальса): salsa
Sal'vador (Сальвадор): El Salvador
salat (салат): lettuce, salad
salazki (салазки): sledge
salyami (салями): salami
samariy (самарий): samarium

samba (самба): samba
Samoa (Самоа): Samoa
samolet (самолет): plane
San-Marino (Сан-Марино): San Marino
San-Tome i Prinsipi (Сан-Томе и Принсипи): São Tomé and Príncipe
sandalii (сандалии): sandals
sannyy sport (санный спорт): luge
santimetr (сантиметр): centimeter
santimetrovaya lenta (сантиметровая лента): tape measure
sapfir (сапфир): sapphire
saray (сарай): shed
sardina (сардина): sardine
Saturn (Сатурн): Saturn
Saudovskaya Araviya (Саудовская Аравия): Saudi Arabia
sauna (сауна): sauna
sberezheniya (сбережения): savings
schastlivyy (счастливый): happy
schet (счет): bill
schetchik na stoyanke (счетчик на стоянке): parking meter
schitat' (считать): to count
sedlo (седло): saddle
segodnya (сегодня): today
sekretar' (секретарь): secretary
sekretar' v priyemnoy (секретарь в приемной): receptionist
seks (секс): sex
seksual'nyy (сексуальный): sexy
sekunda (секунда): second
sekundomer (секундомер): stopwatch
sel'derey (сельдерей): celery
selen (селен): selenium
selezenka (селезенка): spleen
semestr (семестр): term
semeynaya fotografiya (семейная фотография): family picture
semeynaya terapiya (семейная терапия): family therapy
semya (семя): seed
sendvich (сэндвич): sandwich
Senegal (Сенегал): Senegal
sennaya likhoradka (сенная лихорадка): hay fever
Sent-Kits i Nevis (Сент-Китс и Невис): Saint Kitts and Nevis
Sent-Lyusiya (Сент-Люсия): Saint Lucia
Sent-Vinsent i Grenadiny (Сент-Винсент и Гренадины): Saint Vincent and the Grenadines
sentyabr' (сентябрь): September
ser'ga (серьга): earring
sera (сера): sulphur
Serbiya (Сербия): Serbia
serdityy (сердитый): angry
serdtse (сердце): heart
serebro (серебро): silver
serebryanaya medal' (серебряная медаль): silver medal
serfing (серфинг): surfing
server (сервер): server
seryy (серый): grey
set' (сеть): network
setka (сетка): net
sever (север): north
Severnaya Koreya (Северная Корея): North Korea
Severnoye polushariye (Северное полушарие): northern hemisphere

severnoye siyaniye (северное сияние): aurora
Severnyy polyus (Северный полюс): North Pole
seychas (сейчас): now
seyf (сейф): safe
Seyshel'skiye ostrova (Сейшельские острова): Seychelles
sfera (сфера): sphere
shakhmaty (шахматы): chess
shampanskoye (шампанское): champagne
shampun' (шампунь): shampoo
shampur (шампур): skewer
shapochka dlya dusha (шапочка для душа): shower cap
shapochka dlya plavaniya (шапочка для плавания): swim cap
shar dlya boulinga (шар для боулинга): bowling ball
sharf (шарф): scarf
sharikovaya ruchka (шариковая ручка): ball pen
shashki (шашки): draughts
shayba (шайба): puck
shchedryy (щедрый): generous
shcheka (щека): cheek
shchetka (щетка): brush
shchetka dlya unitaza (щетка для унитаза): toilet brush
shchipchiki dlya nogtey (щипчики для ногтей): nail clipper
shchiptsy dlya zavivki (щипцы для завивки): curling iron
shchitki (щитки): shinpad
shelk (шелк): silk
sheptat' (шептать): to whisper
sherst' (шерсть): wool
shestiugol'nik (шестиугольник): hexagon
sheya (шея): neck
sheynyy korset (шейный корсет): neck brace
shezlong (шезлонг): deck chair
shina (шина): tyre
shirina (ширина): width
shirokiy (широкий): broad
shirokopolaya shlyapa (широкополая шляпа): sun hat
shirota (широта): latitude
shkaf (шкаф): cupboard
shkaf dlya obuvi (шкаф для обуви): shoe cabinet
shkol'naya forma (школьная форма): school uniform
shkol'nyy avtobus (школьный автобус): school bus
shkol'nyy dvor (школьный двор): schoolyard
shkola (школа): school
shlang (шланг): hose
shlem (шлем): helmet
shlepki (шлепки): flip-flops
shlyapa (шляпа): hat
shmel' (шмель): bumblebee
shnurok (шнурок): lace
shokolad (шоколад): chocolate
shokoladnyy krem (шоколадный крем): chocolate cream
short-trek (шорт-трек): short track
shorty (шорты): shorts
shpatel' (шпатель): putty
shpinat (шпинат): spinach
shprits (шприц): syringe
Shri-Lanka (Шри-Ланка): Sri Lanka
shtamp (штамп): rubber stamp

shtanga (штанга): barbell
shtativ (штатив): tripod
shtepsel' (штепсель): plug
shtopor (штопор): corkscrew
shtraf (штраф): fine
shtrikh-kod (штрих-код): bar code
shurin (шурин): brother-in-law
shutka (шутка): joke
Shvetsiya (Швеция): Sweden
shveynaya mashina (швейная машина): sewing machine
Shveytsariya (Швейцария): Switzerland
siborgiy (сиборгий): seaborgium
sidet' (сидеть): to sit
sidr (сидр): cider
sigara (сигара): cigar
sigareta (сигарета): cigarette
signal (сигнал): signal
sil'nyy (сильный): strong
sila (сила): force
sila tyazhesti (сила тяжести): gravity
simfoniya (симфония): symphony
simvol (символ): character
sinagoga (синагога): synagogue
Singapur (Сингапур): Singapore
siniy (синий): blue
sinkhronnoye plavaniye (синхронное плавание): synchronized swimming
sintezator (синтезатор): keyboard
sinyak (синяк): bruise
sirena (сирена): siren
Siriya (Сирия): Syria
sirop ot kashlya (сироп от кашля): cough syrup
sirota (сирота): orphan
skafandr (скафандр): space suit
skal'pel' (скальпель): scalpel
skalolazaniye (скалолазание): climbing
skameyka (скамейка): bench
skandiy (скандий): scandium
skaner (сканер): scanner
skaner shtrikh-koda (сканер штрих-кода): bar code scanner
skanirovat' (сканировать): to scan
skatert' (скатерть): tablecloth
skelet (скелет): skeleton
skeleton (скелетон): skeleton
skeytbording (скейтбординг): skateboarding
sklad (склад): warehouse
sklon (склон): slope
skol'ko? (сколько?): how many?, how much?
Skol'ko eto stoit? (Сколько это стоит?): How much is this?
skoraya pomoshch' (скорая помощь): ambulance
skorpion (скорпион): scorpion
skotch (скотч): adhesive tape
skovoroda (сковорода): pan
skrepka (скрепка): paperclip
skripka (скрипка): violin
skuchnyy (скучный): boring
slabyy (слабый): weak
sladkiy (сладкий): sweet

sladkiy kartofel' (сладкий картофель): sweet potato
sledovat' (следовать): to follow
slepaya kishka (слепая кишка): appendix
slepoy (слепой): blind
sliva (слива): plum
slivki (сливки): cream
slivochnoye maslo (сливочное масло): butter
slon (слон): elephant
Slovakiya (Словакия): Slovakia
slovar' (словарь): dictionary
Sloveniya (Словения): Slovenia
slozheniye (сложение): addition
slozhnyy (сложный): difficult
slushat' (слушать): to listen
slyunyavchik (слюнявчик): bib
smartfon (смартфон): smartphone
smazka (смазка): lubricant
smert' (смерть): death
smeshnoy (смешной): funny
smetana (сметана): sour cream
smeyat'sya (смеяться): to laugh
smorodina (смородина): currant
smotret' (смотреть): to watch
smuzi (смузи): smoothie
snaruzhi (снаружи): outside
sneg (снег): snow
snegokhod (снегоход): snowmobile
snotvornoye (снотворное): sleeping pill
snoubord (сноуборд): snowboarding
snova (снова): again
snuker (снукер): snooker
sobaka (собака): dog
sochineniye (сочинение): essay
sochnyy (сочный): juicy
soda (сода): soda
soderzhaniye (содержание): table of contents, content
soglasen (согласен): I agree
sokol (сокол): falcon
sol' (соль): salt
soldat (солдат): soldier
solenyy (соленый): salty
solnechnaya batareya (солнечная батарея): solar panel
solnechnoye zatmeniye (солнечное затмение): solar eclipse
solnechnyy (солнечный): sunny
solnechnyye ochki (солнечные очки): sunglasses
solnechnyy ozhog (солнечный ожог): sunburn
solnechnyy svet (солнечный свет): sunshine
solntse (солнце): sun
solntsezashchitnyy krem (солнцезащитный крем): sunscreen
Solomonovy ostrova (Соломоновы острова): Solomon Islands
Somali (Сомали): Somalia
sornyak (сорняк): weed
soroka (сорока): magpie
sosed (сосед): neighbour
soska (соска): soother
sosna (сосна): pine
sosok (сосок): nipple

sostav ispolniteley (состав исполнителей): cast
sotryaseniye (сотрясение): concussion
sotsial'nyye seti (социальные сети): social media
sova (сова): owl
sovremennoye pyatibor'ye (современное пятиборье): modern pentathlon
soya (соя): soy
Soyedinennyye Shtaty Ameriki (Соединенные Штаты Америки): The United States of America
soyevoye moloko (соевое молоко): soy milk
spagetti (спагетти): spaghetti
spal'nya (спальня): bedroom
spal'nyy meshok (спальный мешок): sleeping bag
spasat' (спасать): to rescue
spasatel' (спасатель): lifeguard
spasatel'naya shlyupka (спасательная шлюпка): lifeboat
spasatel'nyy krug (спасательный круг): life buoy
spasatel'nyy zhilet (спасательный жилет): life jacket
spasibo (спасибо): thank you
spat' (спать): to sleep
sperma (сперма): sperm
spichka (спичка): match
spidometr (спидометр): speedometer
spina (спина): back
spinnoy mozg (спинной мозг): spinal cord
spirtovoy uroven' (спиртовой уровень): spirit level
sporit' (спорить): to argue
sportivnaya ploshchadka (спортивная площадка): sports ground
sportivnyy byustgal'ter (спортивный бюстгальтер): jogging bra
sportivnyye shtany (спортивные штаны): sweatpants
sportivnyy kostyum (спортивный костюм): tracksuit
sportivnyy magazin (спортивный магазин): sports shop
sprashivat' (спрашивать): to ask
spravedlivyy (справедливый): fair
spravochnik turista (справочник туриста): tourist guide
sprey (спрей): spray
spring roll (спринг ролл): spring roll
sprint (спринт): sprint
sputnik (спутник): satellite
sputnikovaya tarelka (спутниковая тарелка): satellite dish
sreda (среда): Wednesday
Sredizemnoye more (Средиземное море): Mediterranean Sea
sredniy palets (средний палец): middle finger
srednyaya shkola (средняя школа): high school
sredstvo ot nasekomykh (средство от насекомых): insect repellent
srok godnosti (срок годности): expiry date
stakan (стакан): glass
stal' (сталь): steel
stal'naya balka (стальная балка): steel beam
starshaya sestra (старшая сестра): big sister
starshiy brat (старший брат): big brother
staryy (старый): old
stat'ya (статья): article
stazher (стажер): intern
stebel' (стебель): stalk
steklyannaya banka (стеклянная банка): jar
stena (стена): wall
stepen' (степень): degree
stepler (стэплер): stapler

stetoskop (стетоскоп): stethoscope
steyk (стейк): steak
stipendiya (стипендия): scholarship
stiral'naya mashina (стиральная машина): washing machine
stiral'nyy poroshok (стиральный порошок): washing powder
stol (стол): table
stol dlya nastol'nogo tennisa (стол для настольного тенниса): table tennis table
stolitsa (столица): capital
stolovaya (столовая): canteen
stolovyye pribory (столовые приборы): cutlery
stolyar (столяр): carpenter
stop-signal (стоп-сигнал): brake light
stopa (стопа): foot
stoyat' (стоять): to stand
stoyka registratsii (стойка регистрации): check-in desk
strakhovaniye (страхование): insurance
strana (страна): country
strannyy (странный): strange
straus (страус): ostrich
strekoza (стрекоза): dragonfly
strel'ba iz luka (стрельба из лука): archery
strelkovyy sport (стрелковый спорт): shooting
strelyat' (стрелять): to shoot
stress (стресс): stress
stringi (стринги): thong
strogiy (строгий): strict
stroitel' (строитель): construction worker
stroitel'naya ploshchadka (строительная площадка): construction site
stroitel'nyye lesa (строительные леса): scaffolding
strontsiy (стронций): strontium
stsena (сцена): stage
stsepleniye (сцепление): clutch
stul (стул): chair
stvol (ствол): trunk
styuardessa (стюардесса): stewardess
subbota (суббота): Saturday
suchkorez (сучкорез): loppers
sud'ya (судья): judge
sud (суд): court
Sudan (Судан): Sudan
sudoku (судоку): Sudoku
sudoroga (судорога): cramp
sukhofrukty (сухофрукты): dried fruit
sukhoy (сухой): dry
sukhoye moloko (сухое молоко): milk powder
sukhozhiliye (сухожилие): tendon
sumasshedshiy (сумасшедший): crazy
sumka (сумка): handbag
summa (сумма): amount
sup (суп): soup
supermarket (супермаркет): supermarket
sur'ma (сурьма): antimony
surikat (сурикат): meerkat
Surinam (Суринам): Suriname
sushi (суши): sushi
sushit' (сушить): to dry
suvenir (сувенир): souvenir

svad'ba (свадьба): wedding
svadebnoye plat'ye (свадебное платье): wedding dress
svadebnyy tort (свадебный торт): wedding cake
Svazilend (Свазиленд): Swaziland
svecha (свеча): candle
sverchok (сверчок): cricket
sverlit' (сверлить): to drill
svetlyy (светлый): light
svetlyye volosy (светлые волосы): blond
svetofor (светофор): traffic light
svidetel' (свидетель): witness
svidetel'stvo o rozhdenii (свидетельство о рождении): birth certificate
svin'ya (свинья): pig
svinets (свинец): lead
svinina (свинина): pork
svinka (свинка): mumps
sviter (свитер): sweater
svorachivat' (сворачивать): to roll
svyashchennik (священник): priest
svyatoy (святой): holy
syn (сын): son
syp' (сыпь): rash
syr (сыр): cheese
syroy (сырой): raw
sytyy (сытый): full

T

tabak (табак): tobacco
taburet (табурет): stool
tachka (тачка): wheelbarrow
Tadzhikistan (Таджикистан): Tajikistan
Tailand (Таиланд): Thailand
taksi (такси): taxi
taliya (талия): waist
talliy (таллий): thallium
tam (там): there
tamozhnya (таможня): customs
tampon (тампон): tampon
tandem (тандем): tandem
tangens (тангенс): tangent
tango (танго): tango
tank (танк): tank
tantal (тантал): tantalum
tantseval'naya obuv' (танцевальная обувь): dancing shoes
tantsor (танцор): dancer
tantsy (танцы): dancing
Tanzaniya (Танзания): Tanzania
tapir (тапир): tapir
tapochki dlya vannoy (тапочки для ванной): bathroom slippers
tarantul (тарантул): tarantula
tarelka (тарелка): plate
tarelki (тарелки): cymbals
tatu (тату): tattoo
tayfun (тайфун): typhoon
Tayvan' (Тайвань): Taiwan

taz (таз): pelvis
teatr (театр): theatre
tekhnetsiy (технеций): technetium
tekila (текила): tequila
tekst (текст): script, text
tekstovoye soobshcheniye (текстовое сообщение): text message
tekst pesni (текст песни): lyrics
telefon (телефон): telephone
teleserial (телесериал): TV series
teleskop (телескоп): telescope
televizor (телевизор): TV set
telezhka dlya pokupok (тележка для покупок): shopping cart
tellur (теллур): tellurium
telokhranitel' (телохранитель): bodyguard
telyatina (телятина): veal
tematicheskiy park (тематический парк): theme park
temnyy (темный): dark
temnyye volosy (темные волосы): brunette
temperatura (температура): temperature
teni dlya vek (тени для век): eye shadow
tennis (теннис): tennis
tennisnaya raketka (теннисная ракетка): tennis racket
tennisnyy kort (теннисный корт): tennis court
tennisnyy myach (теннисный мяч): tennis ball
teoriya otnositel'nosti (теория относительности): theory of relativity
teplitsa (теплица): greenhouse
teplyy (теплый): warm
terapevt (терапевт): physician
terbiy (тербий): terbium
terka (терка): grater
termit (термит): termite
termobel'ye (термобелье): thermal underwear
termos (термос): thermos jug
terrasa (терраса): terrace
territoriya (территория): territory
teshcha, svekrov' (теща, свекровь): mother-in-law
test', svekr (тесть, свекр): father-in-law
test na beremennost' (тест на беременность): pregnancy test
tetrad' (тетрадь): notebook
tetris (тетрис): Tetris
tetya (тетя): aunt
tezis (тезис): thesis
tigr (тигр): tiger
tikhiy (тихий): silent, quiet
Tikhiy okean (Тихий океан): Pacific Ocean
tim'yan (тимьян): thyme
titan (титан): titanium
tkan' (ткань): fabric
tkhekvondo (тхэквондо): taekwondo
tochilka (точилка): pencil sharpener
tochka (точка): full stop
tochka s zapyatoy (точка с запятой): semicolon
tofu (тофу): tofu
togda (тогда): then
Togo (Того): Togo
tok (ток): power
tolkaniye yadra (толкание ядра): shot put

tolknut' (толкнуть): to push
tolstaya kishka (толстая кишка): colon
tonal'nyy krem (тональный крем): foundation, concealer
Tonga (Тонга): Tonga
tonik dlya litsa (тоник для лица): facial toner
tonkaya kishka (тонкая кишка): small intestine
tonkiy (тонкий): slim
tonna (тонна): ton
topor (топор): axe
torgovets fruktami (торговец фруктами): fruit merchant
torgovyy tsentr (торговый центр): shopping mall
toriy (торий): thorium
tormoz (тормоз): brake
tornado (торнадо): tornado
tort (торт): cake
tort na den' rozhdeniya (торт на день рождения): birthday cake
toshchiy (тощий): skinny
toshnit' (тошнить): to vomit
toshnota (тошнота): nausea
toster (тостер): toaster
tovarnyy poyezd (товарный поезд): freight train
trakheya (трахея): windpipe
traktor (трактор): tractor
tramvay (трамвай): tram
trapetsiya (трапеция): trapezoid
trava (трава): grass
travma (травма): injury
travma golovy (травма головы): head injury
trekkingovyye botinki (треккинговые ботинки): hiking boots
trekovyy velosport (трековый велоспорт): track cycling
trenazhernyy zal (тренажерный зал): gym
trener (тренер): coach
trenirovat'sya (тренироваться): to practice
tretiy (третий): third
treugol'nik (треугольник): triangle
trezvyy (трезвый): sober
triatlon (триатлон): triathlon
tri chetverti chasa (три четверти часа): three quarters of an hour
triller (триллер): thriller
Trinidad i Tobago (Тринидад и Тобаго): Trinidad and Tobago
trogat' (трогать): to touch
trombon (тромбон): trombone
tropicheskiy les (тропический лес): rainforest
tropiki (тропики): tropics
trostnik (тростник): reed
trotuar (тротуар): pavement
troynoy pryzhok (тройной прыжок): triple jump
troynyashki (тройняшки): triplets
truba (труба): trumpet
trup (труп): corpse
trusiki (трусики): panties
trusy (трусы): underpants
tryufel' (трюфель): truffle
Tsel'siya (Цельсия): centigrade
tselovat' (целовать): to kiss
tsement (цемент): cement
tsena aktsii (цена акции): share price

Tsentral'noafrikanskaya Respublika (Центральноафриканская Республика): Central African Republic
tsentral'nyy delovoy rayon (центральный деловой район): central business district (CBD)
tsentral'nyy protsessor (TSP) (центральный процессор (ЦП)): central processing unit (CPU)
tsep' (цепь): chain
tseriy (церий): cerium
tserkov' (церковь): church
tseziy (цезий): caesium
tsifrovaya kamera (цифровая камера): digital camera
tsilindr (цилиндр): cylinder
tsink (цинк): zinc
tsirkoniy (цирконий): zirconium
tsitirovat' (цитировать): to quote
tsokol'nyy etazh (цокольный этаж): ground floor
tsveteniye (цветение): blossom
tsvetnaya kapusta (цветная капуста): cauliflower
tsvetnoy karandash (цветной карандаш): coloured pencil
tsvetochnyy gorshok (цветочный горшок): flower pot
tsvetok (цветок): flower
tsyplenok (цыпленок): chick
tualet (туалет): toilet
tualetnaya bumaga (туалетная бумага): toilet paper
tuba (туба): tuba
tufli na vysokikh kablukakh (туфли на высоких каблуках): high heels
tuliy (тулий): thulium
tuman (туман): fog
tumannyy (туманный): foggy
tumbochka (тумбочка): night table
tunets (тунец): tuna
Tunis (Тунис): Tunisia
tur-agent (тур-агент): travel agent
turisticheskaya dostoprimechatel'nost' (туристическая достопримечательность): tourist attraction
Turkmenistan (Туркменистан): Turkmenistan
Turtsiya (Турция): Turkey
tush' dlya resnits (тушь для ресниц): mascara
tushenaya fasol' (тушеная фасоль): baked beans
Tuvalu (Тувалу): Tuvalu
TV (ТВ): TV
tverdoye telo (твердое тело): solid
tvoya koshka (твоя кошка): your cat
tvoye zdorov'ye (твое здоровье): cheers
ty (ты): you
tyazhelaya atletika (тяжелая атлетика): weightlifting
tyazhelyy (тяжелый): heavy
tykva (тыква): pumpkin
Ty lyubish' menya? (Ты любишь меня?): Do you love me?
Ty mne nravish'sya (Ты мне нравишься): I like you
tysyacheletiye (тысячелетие): millennium
tyul'pan (тюльпан): tulip
tyulen' (тюлень): seal
tyur'ma (тюрьма): prison
Ty v poryadke? (Ты в порядке?): Are you ok?

U

ubivat' (убивать): to kill
uborshchik (уборщик): cleaner

uchebnik (учебник): textbook
uchenyy (ученый): scientist
uchet (учет): accounting
uchit'sya (учиться): to study
uchitel' (учитель): teacher
udarit' (ударить): to hit
udivlennyy (удивленный): surprised
Uganda (Уганда): Uganda
uglekislyy gaz (углекислый газ): carbon dioxide
uglerod (углерод): carbon
ugol' (уголь): coal
ugol (угол): angle
ugrozhat' (угрожать): to threaten
ukazatel'nyy palets (указательный палец): index finger
ukho (ухо): ear
Ukraina (Украина): Ukraine
ukrop (укроп): dill
uksus (уксус): vinegar
ukulele (укулеле): ukulele
ukus (укус): bite
ul'trazvukovoy apparat (ультразвуковой аппарат): ultrasound machine
ulichnaya yeda (уличная еда): street food
ulichnoye osveshcheniye (уличное освещение): street light
ulitka (улитка): snail
ulitsa s odnostoronnim dvizheniyem (улица с односторонним движением): one-way street
ulybat'sya (улыбаться): to smile
umen'shat'sya (уменьшаться): to shrink
U menya yest' sobaka (У меня есть собака): I have a dog
umirat' (умирать): to die
umnozheniye (умножение): multiplication
umnyy (умный): clever
uniforma (униформа): uniform
universal'nyy nozh (универсальный нож): utility knife
universitet (университет): university
untsiya (унция): ounce
upakovka (упаковка): package
uragan (ураган): hurricane
Uran (Уран): Uranus
uran (уран): uranium
uravneniye (уравнение): equation
URL (URL): url
urna (урна): urn
urodlivyy (уродливый): ugly
urok (урок): lesson
urologiya (урология): urology
Urugvay (Уругвай): Uruguay
ustavshiy (уставший): tired
utes (утес): rock, cliff
utka (утка): duck
utka po-pekinski (утка по-пекински): Beijing duck
utro (утро): morning
utyug (утюг): electric iron
uvidimsya pozzhe (увидимся позже): see you later
Uzbekistan (Узбекистан): Uzbekistan
uzhe (уже): already
uzhin (ужин): dinner
uzkiy (узкий): narrow

V

V'yetnam (Вьетнам): Vietnam
vaflya (вафля): waffle
val's (вальс): waltz
valtorna (валторна): French horn
vanadiy (ванадий): vanadium
vanil' (ваниль): vanilla
vanil'nyy sakhar (ванильный сахар): vanilla sugar
vanna (ванна): bathtub
vannaya (ванная): bathroom
Vanuatu (Вануату): Vanuatu
varen'ye (варенье): jam
varenoye yaytso (вареное яйцо): boiled egg
varenyy (вареный): boiled
vasha komanda (ваша команда): your team
Vatikan (Ватикан): Vatican City
vatt (ватт): watt
vayaniye (ваяние): sculpting
vaza (ваза): vase
vchera (вчера): yesterday
vdova (вдова): widow
vdovets (вдовец): widower
vdrug (вдруг): suddenly
veb-kamera (веб-камера): webcam
veb-sayt (веб-сайт): website
vecher (вечер): evening
vecherinka v chest' dnya rozhdeniya (вечеринка в честь дня рождения): birthday party
vecherneye plat'ye (вечернее платье): evening dress
vedro (ведро): bucket
vedushchiy novostey (ведущий новостей): anchor
vedushchiy shou (ведущий шоу): host
vek (век): century
vektor (вектор): vector
Velikobritaniya (Великобритания): United Kingdom
velosiped (велосипед): bicycle
velotrenazher (велотренажер): exercise bike
vena (вена): vein
Venera (Венера): Venus
Venesuela (Венесуэла): Venezuela
Vengriya (Венгрия): Hungary
venskiy val's (венский вальс): Viennese waltz
ventilyator (вентилятор): fan
verblyud (верблюд): camel
vertolet (вертолет): helicopter
vesna (весна): spring
vesnushki (веснушки): freckles
vestern (вестерн): western film
vestibyul' (вестибюль): lobby
vesy (весы): scale
vetchina (ветчина): ham
veter (ветер): wind
veterinarnyy vrach (ветеринарный врач): vet
v etom godu (в этом году): this year
v etom mesyatse (в этом месяце): this month
vetrenyy (ветреный): windy
vetrovoye steklo (ветровое стекло): windscreen

vetryanaya elektrostantsiya (ветряная электростанция): wind farm
vetryanka (ветрянка): chickenpox
vetv' (ветвь): branch
videokamera (видеокамера): camcorder
vilka (вилка): fork
vily (вилы): pitchfork
vindsorfing (виндсёрфинг): windsurfing
vino (вино): wine
vinograd (виноград): grape
vinovnyy (виновный): guilty
violonchel' (виолончель): cello
virus (вирус): virus
vishnya (вишня): cherry
viski (виски): whiskey
vismut (висмут): bismuth
visok (висок): temple
vitamin (витамин): vitamin
viza (виза): visa
vizitnaya kartochka (визитная карточка): business card
vkhodyashchiye soobshcheniya (входящие сообщения): inbox
vklyuchat' (включать): to turn on
vlagalishche (влагалище): vagina
vlazhnost' (влажность): humidity
vlazhnyy (влажный): wet
vmeste (вместе): together
vnuchka (внучка): granddaughter
vnuk (внук): grandson, grandchild
vnutri (внутри): inside
vnutrivennoye vlivaniye (внутривенное вливание): infusion
voda (вода): water
voditel' avtobusa (водитель автобуса): bus driver
voditel' gruzovika (водитель грузовика): lorry driver
voditel' taksi (водитель такси): taxi driver
vodka (водка): vodka
vodnaya gorka (водная горка): water slide
vodnoye polo (водное поло): water polo
vodnyye lyzhi (водные лыжи): waterskiing
vodopad (водопад): waterfall
vodoprovodchik (водопроводчик): plumber
vodoprovodnaya voda (водопроводная вода): tap water
vodorod (водород): hydrogen
vodorosl' (водоросль): seaweed
vol'fram (вольфрам): tungsten
vol't (вольт): volt
volan (волан): shuttlecock
voleybol (волейбол): volleyball
volk (волк): wolf
volos (волос): hair
voprositel'nyy znak (вопросительный знак): question mark
vor (вор): thief
voron (ворон): raven
vorona (ворона): crow
voronka (воронка): funnel
vorotnik (воротник): collar
vos'miugol'nik (восьмиугольник): octagon
vosklitsatel'nyy znak (восклицательный знак): exclamation mark
voskresen'ye (воскресенье): Sunday

vospitannyy (воспитанный): well-behaved
vospitatel' detskogo sada (воспитатель детского сада): kindergarten teacher
Vostochnyy Timor (Восточный Тимор): East Timor
vostok (восток): east
vozdushnyy nasos (воздушный насос): air pump
vozdushnyy shar (воздушный шар): hot-air balloon
v proshlom godu (в прошлом году): last year
v proshlom mesyatse (в прошлом месяце): last month
vrach (врач): doctor
vse (все): everybody, all
vsegda (всегда): always
v sleduyushchem godu (в следующем году): next year
v sleduyushchem mesyatse (в следующем месяце): next month
vspyshka (вспышка): flash
vstrechat'sya (встречаться): to meet
vtoraya polovina dnya (вторая половина дня): afternoon
vtornik (вторник): Tuesday
vtoroy (второй): second
vtoroy podval'nyy etazh (второй подвальный этаж): second basement floor
vulkan (вулкан): volcano
vy (вы): you
vyazanaya shapka (вязаная шапка): knit cap
vybirat' (выбирать): to choose
vychislyat' (вычислять): to calculate
vychitaniye (вычитание): subtraction
vydra (выдра): otter
vydvizhnoy yashchik (выдвижной ящик): drawer
vygodnaya pokupka (выгодная покупка): bargain
vykhlopnaya truba (выхлопная труба): exhaust pipe
vykhod na pensiyu (выход на пенсию): retirement
vykidysh (выкидыш): miscarriage
vyklyuchat' (выключать): to turn off
vyklyuchatel' (выключатель): light switch
Vy mozhete mne pomoch'? (Вы можете мне помочь?): Can you help me?
vypryamitel' dlya volos (выпрямитель для волос): hair straightener
vypusknoy (выпускной): graduation
vypusknoy vecher (выпускной вечер): graduation ceremony
vyrezat' (вырезать): to cut
vyshe (выше): above
vysokiy (высокий): high, tall
vysokoskorostnoy poyezd (высокоскоростной поезд): high-speed train
vysokoye krovyanoye davleniye (высокое кровяное давление): high blood pressure
vysota (высота): height
vytyazhka (вытяжка): cooker hood
vzbityye slivki (взбитые сливки): whipped cream
vzlotnaya polosa (взлётная полоса): runway

Y

ya (я): I
yablochnyy pirog (яблочный пирог): apple pie
yablochnyy sok (яблочный сок): apple juice
yabloko (яблоко): apple
yagnyatina (ягнятина): lamb
yagoditsy (ягодицы): bottom
yaichko (яичко): testicle

yaichnik (яичник): ovary
yaichnitsa-boltun'ya (яичница-болтунья): scrambled eggs
yaichnyy belok (яичный белок): egg white
ya khochu eto (я хочу это): I want this
YA khochu yeshche (Я хочу еще): I want more
yakhta (яхта): yacht
yakor' (якорь): anchor
YA lyublyu tebya (Я люблю тебя): I love you
Yamayka (Ямайка): Jamaica
yamochka (ямочка): dimple
YA ne znayu (Я не знаю): I don't know
yanvar' (январь): January
Yaponiya (Япония): Japan
yaponskiy yazyk (японский язык): Japanese
yard (ярд): yard
yarmarochnaya ploshchad' (ярмарочная площадь): fairground
yashcheritsa (ящерица): lizard
YA skuchayu po tebe (Я скучаю по тебе): I miss you
yasli (ясли): nursery
yaytsekletka (яйцеклетка): ovum
yaytsevod (яйцевод): oviduct
yaytso (яйцо): egg
YA znayu (Я знаю): I know
yazyk (язык): tongue
Yegipet (Египет): Egypt
yego mashina (его машина): his car
yenot (енот): raccoon
yesli (если): if
yest' (есть): to eat
yevro (евро): euro
yevropiy (европий): europium
yeye plat'ye (ее платье): her dress
yezda na velosipede (езда на велосипеде): cycling
yezh (еж): hedgehog
yezhednevnaya prokladka (ежедневная прокладка): panty liner
yezhevika (ежевика): blackberry
yezzhay pryamo (езжай прямо): go straight
yod (йод): iodine
yoga (йога): yoga
yogurt (йогурт): yoghurt
yuan' (юань): yuan
yubka (юбка): skirt
yug (юг): south
Yupiter (Юпитер): Jupiter
yuridicheskiy otdel (юридический отдел): legal department
yuvelir (ювелир): jeweller
Yuzhnaya Afrika (Южная Африка): South Africa
Yuzhnaya Koreya (Южная Корея): South Korea
Yuzhnoye polushariye (Южное полушарие): southern hemisphere
Yuzhnyy polyus (Южный полюс): South Pole
Yuzhnyy Sudan (Южный Судан): South Sudan
Yyemen (Йемен): Yemen

Z

zabivat' (забивать): to hammer

zabor (забор): fence
zachem (зачем): why
zadneye sideniye (заднее сидение): back seat
zadniy (задний): back
zadniye fary (задние фары): rear light
zagolovok (заголовок): heading
zagranichnyy pasport (заграничный паспорт): passport
zakolka (заколка): barrette
zakon (закон): law
zakryvat' (закрывать): to close, to lock
zakuska (закуска): snack
zal ozhidaniya (зал ожидания): waiting room
Zambiya (Замбия): Zambia
zametka (заметка): note
zamochnaya skvazhina (замочная скважина): keyhole
zamok (замок): castle
zanaveska (занавеска): curtain
zanyatyy (занятый): busy
zapad (запад): west
zapasnyy vykhod (запасный выход): emergency exit
zapravka (заправка): petrol station
zapyast'ye (запястье): wrist
zapyataya (запятая): comma
zarabatyvat' (зарабатывать): to earn
zarplata (зарплата): salary
zashchishchat' (защищать): to defend
zashchitnyye ochki (защитные очки): safety glasses
zastenchivyy (застенчивый): shy
zatylok (затылок): nape
zavarnoy krem (заварной крем): custard
zavarochnyy chaynik (заварочный чайник): teapot
zaveshchaniye (завещание): testament
zavod (завод): factory
zavtra (завтра): tomorrow
zavtrak (завтрак): breakfast
zayem (заем): loan
zazhigalka (зажигалка): lighter
zdes' (здесь): here
zdorovyy (здоровый): healthy
zdravstvuyte (здравствуйте): hello
zebra (зебра): zebra
zefir (зефир): marshmallow
zelenyy (зеленый): green
zelenyy chay (зеленый чай): green tea
zelenyy luk (зеленый лук): spring onion
zemletryaseniye (землетрясение): earthquake
Zemlya (Земля): earth
zemnaya kora (земная кора): earth's crust
zemnoye yadro (земное ядро): earth's core
zerkalo (зеркало): mirror
zerkalo zadnego vida (зеркало заднего вида): rear mirror
zernouborochnyy kombayn (зерноуборочный комбайн): combine harvester
zhadeit (жадеит): jade
zhadnyy (жадный): greedy
zhalyuzi (жалюзи): blind
zharenaya kolbaska (жареная колбаска): fried sausage
zharenaya lapsha (жареная лапша): fried noodles

zharenaya svinina (жареная свинина): roast pork
zharenyy ris (жареный рис): fried rice
zharenyy tsyplenok (жареный цыпленок): roast chicken
zharit' (жарить): to fry
zhazhdushchiy (жаждущий): thirsty
zhdat' (ждать): to wait
zhech' (жечь): to burn
zhelchnyy puzyr' (желчный пузырь): gall bladder
zheleznodorozhnaya stantsiya (железнодорожная станция): train station
zhelezo (железо): iron
zheltok (желток): yolk
zheltyy (желтый): yellow
zheludok (желудок): stomach
zhemchuzhnoye ozherel'ye (жемчужное ожерелье): pearl necklace
zhena (жена): wife
zhenikh (жених): fiancé, groom
zhenit'sya (жениться): to marry
zhenshchina (женщина): woman
zhestkiy (жесткий): hard
zhestkiy disk (жесткий диск): hard drive
zhevatel'naya rezinka (жевательная резинка): chewing gum
zhidkost' (жидкость): fluid
zhidkost' dlya snyatiya laka (жидкость для снятия лака): nail varnish remover
zhim lezha (жим лежа): bench press
zhim nogami (жим ногами): leg press
zhiraf (жираф): giraffe
zhirnoye myaso (жирное мясо): fat meat
zhit' (жить): to live
zhivaya izgorod' (живая изгородь): hedge
zhivot (живот): belly
zhuk (жук): bug
zhurnal (журнал): magazine
zhurnalist (журналист): journalist
zima (зима): winter
Zimbabve (Зимбабве): Zimbabwe
zloy (злой): evil
zmeya (змея): snake
znachok (значок): icon
znamenatel' (знаменатель): denominator
znat' (знать): to know
zolotaya medal' (золотая медаль): gold medal
zoloto (золото): gold
Zoloto dorozhe serebra (Золото дороже серебра): Gold is more expensive than silver
zolovka (золовка): sister-in-law
zontik (зонтик): umbrella
zontik ot solntsa (зонтик от солнца): parasol
zoomagazin (зоомагазин): pet shop
zoopark (зоопарк): zoo
zrachok (зрачок): pupil
zritel' (зритель): audience
zub (зуб): tooth
zubnaya bol' (зубная боль): toothache
zubnaya pasta (зубная паста): toothpaste
zubnaya plomba (зубная пломба): dental filling
zubnaya shchetka (зубная щетка): toothbrush
zubnyye protezy (зубные протезы): dental prostheses
zvezda (звезда): star

zvonit' (звонить): to call
zyat' (зять): son-in-law

Printed in Great Britain
by Amazon